Josef Dollhofer · Das Walhalla-Bockerl

Josef Dollhofer

Das Walhalla-Bockerl

Die Geschichte der Walhallabahn

Buchverlag der Mittelbayerischen Zeitung

Die Deutsche Bibliothek – CIP-Einheitsaufnahme

Dollhofer, Josef:
Das Walhalla-Bockerl : Geschichte der Walhallabahn / Josef
Dollhofer. – 4., völlig neu bearb. und erw. Aufl. – Regensburg :
Buchverl. der Mittelbayerischen Zeitung, 1995
    ISBN 3–921114–30–6

Josef Dollhofer
Das Walhalla-Bockerl
Die Geschichte der Walhallabahn
© Mittelbayerische Druck- und Verlags-Gesellschaft mbH, Regensburg 1972
4., völlig neu bearbeitete und erweiterte Auflage, 1995
Umschlaggestaltung: Manfred Bachhofer
Gesamtherstellung: Druckzentrum der Mittelbayerischen Zeitung

ISBN 3–921114–30–6

Einen reizvollen Abschnitt der Eisenbahngeschichte bilden die Lokalbahnen. Nicht zuletzt wegen ihrer vielbelächelten Unzulänglichkeiten und Schwächen brachten es diese Bahnen zu besonderer Volkstümlichkeit.

Dieses Büchlein erzählt den Lebenslauf eines typischen Kleinbahnoriginals. Als eine der wenigen bayerischen Schmalspurbahnen, die noch dazu einmal im Privatbesitz stand und deren Schienen mitten in die Stadt hineinführten, nahm die Walhallabahn in Bayern eine besondere Stellung ein. Zahllose Touristen brachte das Bockerl im Laufe der Jahrzehnte zur Walhalla, wodurch es weit über die engere Heimat hinaus bekannt wurde.

Als Sachbearbeiter für Lokomotiven bei der ehemaligen Bundesbahndirektion Regensburg spürte ich aufgrund häufiger Anfragen von Eisenbahnliebhabern ein wachsendes Interesse an dieser legendären Lokalbahn. Hieraus entsprang die Idee, die Geschichte der Walhallabahn niederzuschreiben. Je weiter ich mit meinen Recherchen einstieg, um so mehr faszinierte mich dieses Thema. In Reinhausen geboren und aufgewachsen, kenne ich einen späten Zeitabschnitt dieser Bahn noch aus der eigenen Kindheit. In vielen Gesprächen mit ehemaligen Eisenbahnern dieser Strecke und mit Bahnanwohnern erhielt ich zahlreiche authentische Informationen, die heute, nach bald 30 Jahren, um so wertvoller sind.

Die Walhallabahn ist Teil der Heimatgeschichte. Sie lebt in der Erinnerung weiter. Eine vollständig überarbeitete und erweiterte Auflage des Büchleins über die Walhallabahn soll dem fortbestehenden Interesse Rechnung tragen.

Für die vielfältige Unterstützung und Mithilfe möchte ich mich an dieser Stelle sehr herzlich bedanken.

Josef Dollhofer

Inhaltsverzeichnis

Beilage: Modellbauplan für Lokomotive und Wagen in Faltblattausführung

Ankunft der Walhallabahn in Stadtamhof (1890)

*Der Ruhmestempel
und seine abgeschiedene Lage*

Elf Kilometer donauabwärts von Regensburg, nahe des Ortes Donaustauf, thront auf hügeligen Ausläufern des Bayerischen Waldes der Ruhmestempel Walhalla. Weit leuchtet der helle Marmorbau hinaus in das ebene Land. Vom Westen her grüßen die malerischen Ruinen der uralten Burg Donaustauf und die Domtürme der historischen Ratisbona.

Während der Herrschaft Napoleons über die deutschen Lande war bei dem späteren Bayernkönig Ludwig I. der Gedanke herangereift, den verdienstvollen Deutschen eine gemeinsame Gedächtnisstätte zu errichten. Erst die Pläne Leo von Klenzes entsprachen den Vorstellungen des Königs, dessen Platzwahl schließlich auf den Breuberg bei Donaustauf fiel. Das im dorischen Stil gehaltene Bauwerk war 1842, zwölf Jahre nach der Grundsteinlegung, vollendet. Es erhielt den aus der nordischen Mythe stammenden Namen Walhalla.

Trotz der eindrucksvollen Schönheit würdigte das Volk dieses Denkmal wegen seiner abseitigen Lage nicht im erwarteten Maße. Dazu trug auch das Fehlen eines geeigneten Verkehrsmittels nach Donaustauf bei. Pferdebespannte Postomnibusse und Gesellschaftswagen konnten mit ihrer holpernden Fahrweise den Walhallabesuch nicht beleben.

Die Idee, das Kunstwerk durch einen Schienenweg der Öffentlichkeit näherzubringen, hatte in Stadtamhof ihren Ursprung. Jahrhundertelang blühte dort das Wirtschaftsleben durch die günstige Lage am Brennpunkt der Verkehrswege. Alle von Norden nach Süden führenden Straßen aus der Oberpfalz, dem Bayerwald, aus Böhmen und von Nürnberg vereinigten sich in Stadtamhof am nördlichen Brückentor der Steinernen Brücke. Ein gewaltiger Fuhrwerksstrom durchzog damals die breite Stadtamhofer Hauptstraße.

Mit dem Vordringen der Eisenbahnen in Ostbayern änderte sich dieses Bild. Je mehr sich der Eisenstrang dort ausdehnte, desto ruhiger wurde es in dem früher so lebhaften Stadtamhof. Man sann deshalb nach Wegen, die Stadt in verkehrlicher Hinsicht neu zu beleben.

*Eine Privatbahn-Gesellschaft ergreift
die Initiative*

So fanden, angeregt von Bürgern der Gemeinde Stadtamhof, die mangelhaften Verkehrsverhältnisse zur Walhalla bald die Aufmerksamkeit der neugegründeten Lokalbahn-Aktiengesellschaft in München, die eifrig nach zukunfträchtigen Bahnobjekten Ausschau hielt.

Als alle Gemeinden ihr Interesse freudig bekundet hatten, trat die unternehmungslustige Gesellschaft im März 1887 mit dem Plan einer schmalspurigen Dampfstraßenbahn von Stadtamhof nach Donaustauf hervor. Mehrere davon begeisterte Bürger erörterten in einer ersten Versammlung am 1. April 1887 in der Bierbrauerei Buchner zu Stadtamhof das Vorhaben und bildeten

*Die Konzessionsurkunde
(erste und letzte Seite)
für die Linie
Stadtamhof – Donaustauf,
signiert von
Prinzregent Luitpold
am 23. September 1888*

noch am selben Tag ein Lokal-Komitee unter dem Vorsitzenden Carl Mayer. Das Projekt stieß nur bei den Fiakern auf Widerstand, die durch den Fremdenverkehr zur Walhalla gut verdient hatten.

Um den Bahnbau möglichst billig zu gestalten, beabsichtigte die Lokalbahn-Aktiengesellschaft nach dem Muster der von ihr betriebenen und in einfachster Bauweise hergestellten Feldabahn in Sachsen-Weimar vorzugehen. Das Gleis sollte danach in seiner ganzen Länge auf der Straße verlegt werden.

Das Unternehmen hing davon ab, ob das Bähnchen die Vorortsstraßen und die Regenbrücke benützen durfte.

Von Anfang an tauchten Bedenken auf, ob sich der Fuhrwerksverkehr mit den Bahnzügen vertragen würde. Das Lokal-Komitee erkundigte sich deswegen beim Stadt-Kommissariat Salzburg über die Erfahrungen mit der ähnlichen Lokalbahn Salzburg – Leopoldskron – Hellbrunn. Wie aus Salzburg verlautete, wickelte sich dort der Dampfbahnbetrieb reibungslos ab, obwohl die sogar normalspurige Tram die belebtesten Plätze und Straßen befuhr. Weniger erfreulich fiel dagegen eine Nachricht über den Betrieb der Nymphenburger Bahn in München aus. Darin hieß es, daß Unfälle passiert seien, und der heiße Dampf den Wuchs der Alleebäume beeinträchtigt hätte.

Am 16. Juli 1887 fand beim Bezirksamt Stadtamhof im Beisein von Eisenbahn-Direktor Krüzner und Lohnkutscher Kaunzinger die erste offizielle Besprechung in Sachen Dampftrambahn statt.

Nachdem ein Gutachten ernste Bedenken gegen einen Bahnverkehr auf der Landstraße angemeldet hatte, projektierte das Bahninstitut das Gleis ab Reinhausen auf eigenes Planum.

Meterspur und Gefährdung des Projektes

Im August war die Trasse der Bahn bereits abgesteckt. Obwohl die in den Geburtswehen liegende Eisenbahn inzwischen durch die Donau-Dampfschiffahrt Walhalla Konkurrenz erhalten hatte, sprach sich der Distriktsrat Stadtamhof am 8. Oktober 1887 einstimmig für das Trambahnunternehmen aus, worauf die Lokalbahn-Aktiengesellschaft am 18. November das generelle Projekt beim Staatsministerium des königlichen Hauses und des Äußern in München einreichte.

Die Meterspur bekam den Vorzug, um das Gleis auf den kurzen Pfeilerköpfen der Regenbrücke über den Regenfluß führen zu können und wegen der äußerst engen Kurven im Ort Steinweg.

Eine wichtige Konferenz fand im Dezember 1887 bei der Kreisregierung statt. Das Präsidium dachte dabei bereits sogar an einen Weiterbau nach Wörth a. D. und an einen Anschluß an den Regensburger Hauptbahnhof mittels Pferdebetrieb. Differenzen gab es nur wegen der Gleisführung durch Steinweg, wo beim alten Zollhäuschen bei der Gabelung der stark frequentierten Straßen nach Nürnberg und Eger die engste Gleiswende vorgesehen war. Auf einen Vorschlag, diese Stelle durch Voranschreiten des Lokomotivheizers sichern zu lassen, machte das Ministerium die witzige Anmerkung, ob denn die Ochsen und Schweine das Zeichen des Heizers ebenfalls verstehen würden. Diese Engstelle machte das Projekt zeitweise fragwürdig.

Vorsorglich hatte die Lokalbahn-Aktiengesellschaft auch eine Linienführung schräg über den Dultplatz und entlang dem sogenannten Drehergäßchen aufgenommen. Durch diese Variante schuf sie im Juni 1888 das strittige Problem aus der Welt.

Localbahn-Actiengesellschaft in München.
(vormals Krauss & Co.).

Walhallabahn
(Stadtamhof—Donaustauf.)

Fahrplan vom 1. Juni 1889.

2	14	4	6	8	10	12*)		Haltepunkte		1	13	3	5	7	9	11*)
7⁰⁰	9⁰⁰	11¹³	2¹⁰	4³⁰	7⁰⁰	9¹⁰		ab Stadtamhof an		6⁵⁰	8⁵⁰	10⁵⁰	1⁵⁰	4⁰⁰	6⁴⁰	9⁰⁰
7¹¹	9¹¹	11²⁴	2¹¹	4⁴¹	7¹¹	9²¹	1	„ Steinweg-Reinhausen ab		6⁴⁰	8⁴⁰	10⁴⁰	1⁴⁰	3⁵⁰	6³⁰	8⁵⁰
7¹⁹	9¹⁹	11³²	2¹⁹	4⁴⁹	7¹⁹	9²⁹	2	„ Weichs		6³²	8³²	10³²	1³²	3⁴²	6²²	8⁴²
7²⁷	9²⁷	11⁴⁰	2²⁷	4⁵⁷	7²⁷	9³⁷	3	„ Walhallastrasse		6²⁶	8²⁶	10²⁶	1²⁶	3³⁶	6¹⁶	8³⁶
7³⁴	9³⁴	11⁴⁷	2³⁴	5⁰⁴	7³⁴	9⁴⁴	5	„ Schwablweis		6¹⁷	8¹⁷	10¹⁷	1¹⁷	3²⁷	6⁰⁷	8²⁷
7⁴²	9⁴²	11⁵⁵	2⁴²	5¹²	7⁴²	9⁵²	7	„ Tegernheim		6¹⁰	8¹⁰	10¹⁰	1¹⁰	3²⁰	6⁰⁰	8²⁰
7⁵⁰	9⁵⁰	12⁰³	2⁵⁰	5²⁰	7⁵⁰	10⁰⁰	9	an Donaustauf ab		6⁰⁰	8⁰⁰	10⁰⁰	1⁰⁰	3¹⁰	5⁵⁰	8¹⁰

Die Nachtzeit (6 Uhr Abends bis 5 Uhr 59 früh) ist durch Unterstreichung der Minuten bezeichnet.

*) Die Züge Nr. 11 und 12 verkehren nur an Sonn- und Feiertagen.

Der Billetverkauf findet in Stadtamhof und Donaustauf am Schalter, im übrigen am bezw. im Zuge durch den Zugführer statt.

Die Gepäckabfertigung erfolgt stets am Zuge durch den Zugführer.

Fahr-Preise:

von Stadtamhof nach	einfach		retour		Militär
	II	III	II	III	
Steinweg-Reinhausen	20	10	30	20	10
Weichs	20	10	30	20	10
Walhallastrasse	25	15	40	25	10
Schwablweis	40	25	60	40	10
Tegernheim	60	35	85	60	20
Donaustauf	75	45	110	75	20

Handgepäck bis zum Gewichte von 10 kg, welches ohne Belästigung der Mitreisenden in die Wagen mitgenommen werden kann, **ist frei.**

Die Gültigkeitsdauer sämmtlicher Billets erstreckt sich nur auf den Tag, an welchem dieselben gelöst sind.

Kgl. Hof-Buchdruckerei von J. Mühlthaler in München.

Der erste Aushangfahrplan der Walhallabahn

Erst jetzt trat das Ministerium mit der untertänigsten Bitte um die Konzession an Prinzregent Luitpold heran, die seine K. Hoheit am 23. September 1888 in Ludwigshöhe vollzog. Infolge des trambahnähnlichen Charakters wurde die Konzessionsdauer auf nur 66 Jahre beschränkt. Da die Bahnlinie hauptsächlich den Verkehr zur Walhalla verbessern sollte, gestattete der Prinzregent den Namen „Walhallabahn".

Baubeginn und Eröffnung

Der erste Spatenstich erfolgte am 10. Oktober 1888. Sein Büro hatte Bauleiter Josef Rapp in Steinweg aufgeschlagen. Dank des ebenen Geländes gestalteten sich die Bauarbeiten im wesentlichen einfach. Als größtes und schwierigstes Teilobjekt galt die Überquerung des Regenflusses auf den Pfeilern der Regenbrücke. Als ersten Bauabschnitt nahm der Unternehmer Brandner die Herstellung des Bahnkörpers zwischen Reinhausen und Donaustauf in Angriff. Nach fertiggestelltem Bahnplanum gelang es noch vor Jahresende, die Schienen auf dieser Teilstrecke zu verlegen. Insgesamt mußten 15 000 m³ Erdreich bewegt werden.

Im folgenden Jahr, ab Mitte März, begann der Weiterbau mit dem Einbetten des Gleises in die Vorortsstraßen und in den Dultplatz. Die Montage des stählernen Brückenüberbaues verzögerte sich wegen Hochwassers noch bis Juni. Auch nachts, im Schein von Petroleumlaternen, arbeiteten nun die MAN-Monteure auf der Regenbrücke, um die letzte Baulücke zu schließen.

Einschließlich rollendem Material bezifferten sich die Kosten der Bahnanlage auf 307 000 M. Das gesamte Projekt hatte die Lokalbahn-Aktiengesellschaft ohne Zuschuß selbst finanziert.

Manchen Ärger hatte es während der Bauzeit gegeben. Betrunkene und Gegner der Bahn rissen fast allnächtlich Meßpfähle heraus und beschädigten die Bahnanlagen. Die Gendarmerie mußte nachts strenge Patrouillengänge machen, um diesem Treiben ein Ende zu bereiten. Ein aufsehenerregender Zwischenfall geschah kurz vor der Inbetriebnahme, als die Tramwaymaschinen bereits betriebsam die Strecke abfuhren. Ein übergangener Grundbesitzer hatte bei Walhallastraße das Gleis mit Holzpfosten abgesperrt und dieses Hindernis erst nach Einschreiten des Gerichtes wieder entfernt.

Die sogenannte Colladirungs-Kommission nahm am 21. Juni die Strecke ab. Noch am selben Tag telegraphierte der Aufsichtsratsvorsitzende der Lokalbahn-Aktiengesellschaft, Georg Krauß, an Minister von Crailsheim, die Bahn am Sonntag eröffnen zu dürfen.

Hohe Wellen schlug die Begeisterung am Sonntag, dem 23. Juni 1889, bei der Eröffnung und bei der Festfahrt am Tag vorher. Festlicher Fahnenschmuck zierte die Häuser von Stadtamhof bis Donaustauf. Freiherr Schnorr von Carolsfeld, der Generaldirektor der K. B. Staatseisenbahnen, und Regierungspräsident Dr. von Ziegler hatten sich zur Mitfahrt eingefunden. Unter den staunenden Blicken einer großen Menschenmenge, begleitet von schneidiger Marschmusik, dampfte der Festzug am Samstag um die Mittagszeit in Stadtamhof ab. Allerorts begrüßten den Zug auf seiner Jungfernfahrt krachende Böllerschüsse und begeisterte Hochrufe. Einen besonders glanzvollen Empfang bereitete der Markt

Donaustauf, der die Bahn mit dem sinnigen Spruch begrüßte:

„Um die Kurve langsam, geradeaus schnell,
so fährt man sicher, kommt zur Stell,
Walhallabahn und Stauf, Glück auf!
Der erste Zug samt Gäst und Personal,
sei uns gegrüßt viel tausendmal."

Streckenverlauf und technische Details

Der Ausgangspunkt der Dampftrambahn am Fuß der Steinernen Brücke lag auf Kote 332,4 (Höhe über Meeresspiegel). An den Torpfeilern der Stadtamhofer Hauptstraße schwenkte das Gleis mit einem scharfen Bogen auf den Dultplatz ein, überquerte diesen und folgte dann dem Drehergäßchen. Die Ortschaft Steinweg durchzog das Bähnchen auf der Hauptstraße. Mit der engsten Kurve von 37 m schlug der Schienenstrang beim Gasthof Weigl, später Gasthaus zur Walhallabahn, seine Zielrichtung ein. Er zog sehr nahe an der Häuserfront entlang und setzte auf der Regenbrücke, über die früher auch der Weg der Postkutsche Prag – Madrid geführt hatte, nach Reinhausen über. An den Brückenauffahrten ergab sich mit 33,3 Promille die größte Steigung. Ebenso eng wie in Steinweg war die Durchfahrt in Reinhausen, wo am Ortsende bei Kilometer 1,272 das Gleis die Straße verließ und auf eigenen Bahnkörper überwechselte.

Fast geradlinig strebte nun die Schienenanlage neben der Distriktsstraße, an Fluren und Äckern vorbei, der Staatsbahnstation Walhallastraße entgegen. Hier kreuzte der schmalspurige Schienenweg auf der Straße nach Wörth a. D. höhengleich die Hauptbahn. Beiderseits der Kreuzung sicherten Sperrsignale die Hauptbahn ab.

Anschließend benützte die Lokalbahn entlang der Kalksteinbrüche nochmals kurz die Straße, um dann wieder auf eigenes Planum überzugehen, das sie bis zur Endstation nicht mehr verließ.

Der weitere Verlauf an der Sohle der bewaldeten Hügelkette wies keine Besonderheiten mehr auf. Im letzten Abschnitt strebte die Linie gerade dem Markt Donaustauf zu, wo vor dem Burgberg auf Kote 328,5 die Endstation lag.

Die Streckenlänge betrug 8,79 km, davon 0,76 km auf Straßen und 8,03 km auf eigenem Bahnkörper. Auf den Straßenstrecken kam Oberbausystem Hartwich (Schienengewicht 42 kg/m), auf eigenem Planum genagelter Querschwellenoberbau (16,3 kg/m) zur Anwendung.

Stationsanlagen besaß nur der Bahnhof Donaustauf, wo auch der Betriebsleiter seinen Sitz hatte. Das schmucke Bahnhofsgebäude sowie der dreigleisige Abstell- und Reparaturschuppen fügten sich gut in das idyllische Marktbild ein.

Außer der Abfahrtsstelle in Stadtamhof gab es die Haltestellen Dultplatz (km 0,4) mit Ausweichgleis, Steinweg (km 0,7), Reinhausen (km 1,0), Weichs (km 2,1), Walhallastraße (km 3,2), Schwabelweis (km 4,5) mit Ausweichgleis und Tegernheim (km 6,3). Während der Dult und bei kirchlichen Umgängen fuhren die Züge von der Haltestelle Dultplatz ab.

Für den Fahrkartenverkauf in Stadtamhof diente der Raum eines früheren Schusterladens. Das Betriebstelefon hatte die staatliche Telegrafenverwaltung eingerichtet.

Das Recht zur Gleisführung auf den Straßen und über die Regenbrücke sowie den Bahnhof Walhallastraße regelten in stets widerruflicher Weise Verträge mit den betreffenden Behörden.

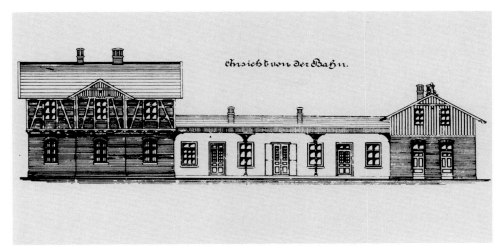

Das Bahnhofsgebäude in Donaustauf

Die Haltestelle Dultplatz in der Drehergasse mit Güterschuppen und Billett-Ausgabe (um 1900), Abfahrtsstelle während der Dult und bei Prozessionen

15

Stadtamhofer Hauptstraße mit abfahrbereiter Dampftrambahn (um 1895)

Während des Volksfestes auf dem Dultplatz fuhren die Züge in der Drehergasse ab

Der Lokalbahnzug schwenkt auf den Dultplatz ein (um 1905)

Die Abfahrtsstelle der Lokalbahn um 1900 mit Blick auf die Steinerne Brücke

Das Bähnchen führt sich gut ein

Bald gehörte das neue Verkehrsmittel zum vertrauten Bild, wenn es pfeifend und bimmelnd durch die Ortsstraßen rollte, mit Vehemenz die Regenbrücke hinaufpolterte und im Schatten der Alleebäume dahindampfte. Mit seiner zierlichen Bauweise verlieh es der Gegend ein besonderes Gepräge. Nur selten gab es so etwas, daß ein Dampfzug auf der Straße mitten in die Stadt hineinfuhr. Einen für jeden Eisenbahnfreund reizvollen Anblick bot das WALHALLA-BOCKERL inmitten der wuchtigen Häuserfassaden von Stadtamhof mit dem Dom und der Steinernen Brücke im Hintergrund. Historische Vergangenheit und Technik standen sich dort nun unmittelbar gegenüber.

Gar lebhaft ging es in Stadtamhof und Donaustauf bei der Zugankunft her, wo oft große Menschenmengen den Zug umlagerten. Eile und Hast spielten aber keine Rolle, denn nur 25 km/h betrug die Höchstgeschwindigkeit und fast eine Stunde dauerte die Reise auf der nur 9 km langen Strecke.

Das Leben in Stadtamhof pulsierte fast wieder wie in alten Zeiten. Die dortigen Gastwirte machten gute Geschäfte mit den Reisenden, die in den vielen Wirtshäusern auf die Abfahrt des Zuges warteten. Einen Wartesaal gab es in Stadtamhof nämlich nicht, sondern nur einen kleinen Expeditionsraum, in dem sich der Billettenverkäufer kaum umdrehen konnte.

Die Urheber hatten das Verkehrsbedürfnis trefflich eingeschätzt. Einheimische und Touristen nahmen die Dienste der neuen Lokalbahn, die am Eröffnungstag über tausend Personen befördert hatte, gerne in Anspruch. Das Bähnchen belebte den Walhallabesuch und rückte das romantische Donaustauf näher an Regensburg heran, so daß die Bürger der alten Ratisbona den Markt mit seiner reizenden Umgebung zunehmend als Ausflugsziel wählten. Vereine, Burschenschaften, Schulklassen usw. machten ihre Ausflüge nach Donaustauf nun auf dem Schienenweg. Die Zeit, als man den Weg donauabwärts noch zu Fuß oder in einem als Marterkasten verschrieenen Stellwagen zurücklegen mußte, war endgültig vorbei.

Einen gewaltigen Andrang gab es bei den Walhallafeiern, besonders bei der Enthüllung des Denkmals König Ludwigs I. (1890) und der Kaiser-Wilhelm-Büste (1898). Seine K. Hoheit, Prinzregent Luitpold kam höchstpersönlich nach Donaustauf, um die Kaiser-Wilhelm-Büste ihrer Bestimmung zu übergeben. Allerdings benützte der Monarch nicht die Walhallabahn, sondern reiste mit eigener Karosse und großem Gefolge. Der Rückweg der königlichen Gäste führte damals über Tegernheim, Schwabelweis, Reinhausen, Steinweg und Stadtamhof, wo die Menschen in den mit Flaggen und Girlanden geschmückten Straßen Spalier standen. Ähnlich zahlreich war der Zustrom alljährlich an Ostern und Pfingsten. An solchen Tagen verkehrten viele „Extrazüge", und auch die Dampfschiffahrt sowie alle zu Gebote stehenden Lohnkutschen hatten Hochbetrieb.

Schon 1890 wollte die Lokalbahn-Aktiengesellschaft das Gleis von der Endstation in den fürstlichen Schloßpark verlängern, um den Weg zur Walhalla weiter abzukürzen. Doch machten lokale Interessen diesen Plan zunichte.

Einen vorübergehenden Anschluß der Lokalbahn-Haltestelle in Stadtamhof zur Stadt Regensburg stellte 1891 das I. Regensburger Omnibus-Unternehmen her, mit dessen von prächtigen Pferdegespannen gezogenen Omnibuswagen die Fahrgäste der Walhallabahn nun vom Hauptbahnhof her bequem anfahren konnten.

Ein harter Wettbewerb ergab sich mit der Personenschiffahrt zur Walhalla. Zunächst hatte es die Trambahn mit einem Propellerboot zu tun, an dessen Stelle später sogar ein Salondampfer trat. Wiederholt mußte der Bahnvorstand die Fahrpreise senken, um dem Wasserweg zu begegnen.

Erste Differenzen und Naturereignisse

Die wirtschaftliche Entwicklung der Dampftrambahn machte einen recht befriedigenden Verlauf. Trotzdem blieben dem Be-

Enthüllung der Richard-Wagner-Büste in der Walhalla (1913)

19

Der gewaltige Eisstoß von Donau und Regen im Februar 1893, der auch die Gleisanlagen zwischen Stadtamhof und Donaustauf arg in Mitleidenschaft zog. Oben auf dem Dultplatz, unten bei der Regenbrücke

triebsleiter und seinem Personal Unannehmlichkeiten nicht erspart. Schon damals gab es Streitigkeiten mit den Vorortsgemeinden, die über Unrat auf den Straßengleisen, übermäßiges Gebimmel oder die Begleitumstände des Dampfbetriebs Beschwerde führten. Die Magistrate zögerten nicht, mit dem Entzug des Widerrufsrechtes für die Straßenbenützung zu drohen. Wiederholt mußte Lokalbahn-Direktor Krüzner deshalb nach Regensburg reisen, um zu vermitteln.

Der hochverehrliche Magistrat von Stadtamhof stand der Walhallabahn trotz anfänglich uneingeschränkter Befürwortung schon nach kurzer Zeit äußerst kritisch gegenüber, vor allem was deren Leistungsfähigkeit betraf, die sehr in Zweifel gezogen wurde. Stadtamhof konnte bei den örtlichen Gegebenheiten nur eine schmalspurige Bahn erhalten. Den Vorwurf, wegen dieser schmalen Spur kein vollwertiges Verkehrsmittel zu sein, mußte das Bockerl trotzdem immer wieder von dieser Seite über sich ergehen lassen. „Diese Lokalbahn sei nur eine rentable Einrichtung für die Lokalbahn-Aktiengesellschaft selbst, für die Gegend aber sei sie nur von geringem Nutzen", war eine geflügelte Argumentation der Obrigkeit von Stadtamhof.

Ab 1892 kreuzte die Walhallabahn den Bahnhof Walhallastraße in der neuangelegten Unterführung. Für alle Kinder war es stets der spannendste Augenblick der ganzen Reise, wenn der Zug mit viel Gebimmel und Gepfeife diesen „Tunnel" durchfuhr.

Die Hochwasser von Donau und Regen zwangen das Bähnchen fast jedes Jahr zum Stillstand. Häufig konnte nur bis Steinweg gefahren werden, weil der Dultplatz überflutet war. Mit der Gewalt der Natur machte der Schienenneuling erst-

mals im Februar 1893 Bekanntschaft, als ein schwerer Eisstoß einen der größten Hochwasserstände des Jahrhunderts hervorrief, der die Gleisanlage völlig unter Wasser setzte. Die Schienenfahrzeuge standen zwischen Eisschollen eingefroren in Donaustauf.

Die Donau war stellenweise bis auf den Grund gefroren. Ineinandergeschobene Eisschollen bildeten einen Eispanzer mit bis zu 4 m Dicke. Als sich der Eisstoß schließlich mit fürchterlicher Gewalt in Bewegung setzte, richtete er schwere Verwüstungen an. Fenster und Türen wurden zertrümmert, riesige Eisplatten in die Zimmer geschleudert, Laternenpfähle abgeknickt wie Streichhölzer, Fähr- und Krananlagen am Donauufer zerschmettert usw. Für die Brücken bestand akute Einsturzgefahr. Der Magistrat von Regensburg hatte vorsorglich sogar die Steinerne Brücke sperren lassen, während die Bahnverwaltung ihren Brückenüberbau teilweise demontieren ließ, nachdem die Regenbrücke ebenfalls stark gefährdet war.

Nach dem Abgang des Eisstoßes blieb ein Bild der Zerstörung und des Elends zurück. Erst nach umfangreichen Reparaturen konnte damals der Zugverkehr wieder aufgenommen werden.

Ein kurioser Vorfall ereignete sich 1898. Eine dreiste Diebesbande hatte den über sieben Zentner schweren Geldtresor aus der Bahnstation in Donaustauf gestohlen und ausgeraubt.

Trotz des 1892 aufgenommenen Güterverkehrs hatte die Schmalspurbahn am Ende des Jahrhunderts noch weitgehend trambahnmäßigen Charakter. Ihren Hauptzweck, die Anteilnahme des Volkes an der Walhalla zu fördern, hatte sie erfüllt. Das Jahr 1899 brachte Rekordbesuch auf der Walhalla.

Hochwasser 1893. Drüben das Uferdorf Reinhausen mit der Kirche St. Nikola. Neben der Straße zum sogenannten Schutzbierhaus (links im Bild) verlief später das Zinstag-Gleis

Die Ziegelei Zinstag in Kareth

Die Güterbahn von Steinweg nach Kareth

Vorgeschichte und Bahnprojekt

Ein bedeutendes Industriewerk befand sich einst in Kareth, die Dampfziegelei Zinstag. Gewaltige Schornsteine und riesige Fabrikhallen zeugten von der Leistungsfähigkeit dieses Unternehmens vor den Toren Regensburgs, wo früher 200 bis 300 Menschen Arbeit und Brot fanden.

Das Werk in Kareth gehörte mit dem Werk in Aubing zu der Firma Vereinigte Neue Münchener Actien-Ziegelei & Dachziegelwerke, A. Zinstag, AG, die in den Jahren vor 1914 die größte Dachziegelfabrikation in Bayern betrieb. Das erstklassige Material wurde weit über Bayerns Grenzen hinaus verkauft. Auf der Pariser Weltausstellung 1900, für die das Unternehmen den ehrenvollen Auftrag erhielt, das Dachziegelmaterial für den deutschen Repräsentationsbau zu liefern, wurden die Zinstag-Werke für ihre hervorragenden Leistungen mit der Silbermedaille ausgezeichnet. Man sprach in Regensburg und Umgebung nur vom „Zinstach", wenn es um das Karether Werk ging.

Kurz vor der Jahrhundertwende nahmen die Zinstag-Werke in Kareth durch Großaufträge für Kasernenbauten einen solchen Aufschwung, daß eine Verbesserung der Verkehrsverhältnisse für das abseits gelegene Unternehmen dringend notwendig erschien. Zum einen mußte Brennmaterial für die Ziegelöfen von Station Walhallastraße angefahren und zum anderen mußten die Ziegelerzeugnisse nach dort verfrachtet werden, was mittels eines ständigen Pendelverkehrs mit schweren Ochsen- und Pferdefuhrwerken vor sich ging. Es muß damals schon ein rauher Fuhrwerksbetrieb gewesen sein, denn es wird von schweren Überladungen und schlimmen Mißhandlungen der Zugtiere berichtet.

In knapp 2 km Entfernung führte dagegen die Walhallabahn vorbei. So entschied sich Fabrikbesitzer Adrian Zinstag 1897, das Karether Werk durch ein Gütergleis an die Walhallabahn anzuschließen.

Nachdem der Gastwirt der Restauration „Zur Walhallabahn" in Steinweg dem Bahnprojekt Schwierigkeiten bereitete, versuchte Baumeister Zinstag, die Gastwirtschaft in seinen Besitz zu bringen.

Nach den Vorstellungen der Lokalbahn-Aktiengesellschaft sollte das Gleis in seiner vollen Länge von der Abzweigstelle zwischen dem Weigl- und dem Büechl-Haus in Steinweg bis zum Fabriktor auf der Lappersdorfer Straße zu liegen kommen.

Das Verkehren von Dampfzügen mitten auf der Landstraße neben dem stadteinwärts ziehenden Verkehr mit Marktfahrzeugen und Langholzfuhrwerken aus dem Schwaighausener Forst und der St.-Katharinen-Spitalwaldung ließ nach den Erfahrungen mit der Walhallabahn Schlimmes befürchten.

Als das Anschlußgleis so nicht realisiert werden konnte, wich man mit der Bahntrasse zum Regenufer hin aus und legte im November 1898 ein neues Projekt vor, das schließlich zur Ausführung kam.

Bau des Zinstag-Gleises

Vom Bau des Zinstag-Gleises existiert noch ein Baukostenverzeichnis mit einer

Auflistung aller Bauleistungen und Lieferungen, das Aufschlüsse über den Bau dieser Eisenbahnanlage gibt. Den Zuschlag für die Herstellung des Bahnkörpers hatte der Regensburger Bauunternehmer Brandner erhalten. Beim Gastwirt Weigl hatte sich die Bahnverwaltung mit ihrer Bauleitung eingemietet. Ingenieur Rauh fungierte als Bauleiter.

Der Bau des Gütergleises brachte viele Aufträge für einheimische Kaufleute und Handwerker. So lieferte die Firma Büechl in Steinweg Zement und Nägel. Gastwirt Hierstetter übernahm Fuhrwerksleistungen und eine Firma Grab, ebenfalls aus Steinweg, erhielt den Auftrag für das Einpflastern des Rillenschienengleises in die Lappersdorfer Straße. Vom Steinbruchbesitzer Wagner in Reinhausen kamen Rolliermaterial sowie Kleingeschläge und J. Schlauderer aus Stadtamhof führte Schmiedearbeiten für den Bahnbau aus, während J. Stierstorfer Pferde zum Straßenwalzen stellte. Auch medizinische Leistungen fielen an. Für die Untersuchung von Bahnarbeitern verrechnete Sanitätsrat Dr. Mayer in Stadtamhof bescheidene 3 Mark.

Das große Geschäft freilich machten auswärtige Unternehmungen, wie Orenstein und Koppel, mit der Lieferung der Schienen. Nach der Schienenverlegung und -regulierung rollten Schotter und Kies in vielen Bahntransporten von Walhallastraße zur Baustelle an. Das Einlegen der Abzweigweiche beim Gasthaus Weigl erfolgte in einem massierten Arbeitseinsatz, um den Zugverkehr nicht unnötig zu stören. Im Walhallabahnjargon hieß diese Weiche, auf der sich später manche Unregelmäßigkeit zutrug, nur „Weigl-Weiche".

Nach achtmonatiger Bauzeit rollten am 19. Mai 1900 erstmals Materialzüge über die 1,690 km lange Stichbahn. Die Baukosten in Höhe von ca. 110 000 M hatte die Bahngesellschaft gegen eine Frachtengarantie der Firma Zinstag übernommen.

Über eine Spitzkehre zweigte das Flügelgleis am Gasthaus zur Walhallabahn in Steinweg bei km 0,682 ab, benützte auf 200 m die Straße, um dann vorbei am sogenannten Schutzbierhaus regenaufwärts, neben dem Ufer, auf eigenem Bahnkörper zu verlaufen. Von der Regenniederung weg zog der Strang mit einem kräftigen Anstieg in den Fabrikhof hinein.

Bei extremem Hochwasser mußte mit einer Unterbrechung des Schienenweges gerechnet werden, da die Bahn im Überschwemmungsgebiet lag.

Bahnbetrieb und Unannehmlichkeiten

Die Betriebsweise auf dem Zinstag-Gleis gestaltete sich so, daß die in der Ziegelei beladenen Wagen mit der Lok an der Spitze abgeführt wurden. Auf der Ausweichstelle im sogenannten Holzgarten setzte die Lok um, der Zugführer holte am dortigen Streckenfernsprecher die Fahrterlaubnis ein, und ab ging's in geschobener Rangierabteilung durch die Lappersdorfer Straße bis über die Abzweigweiche. In Gegenrichtung wurde von der Weigl-Weiche bis zum Holzgarten geschoben. Das Schieben auf der Lappersdorfer Straße brachte zusätzliche Gefahrenmomente mit sich. Auf der Straße schritt ein Bahnbediensteter mit Flagge und Signalhorn dem Zug voraus.

An der Abzweigung beim Weigl war die Gleisgeometrie für die Zinstag-Züge äußerst ungünstig. Aus der dortigen Gleiskrümmung der Walhallabahn mit 37 m Radius ging es sogleich in eine Gegenkurve mit 35 m Halbmesser über. Die Zinstag-Züge bestanden in der Regel aus vier Stück vierachsigen offenen Wagen. Richtung Kareth wurde als Leerzug gefahren, wenn nicht Kohlenstaubtransporte für die Brennöfen der Ziegelei anfielen. Wegen der Steigung der Fabrikauffahrt und der gefürchteten Rampen an der Regenbrücke packten die leichten, hierfür eingesetzten Tramwayloks höchstens 5 Wagen.

Mehrmals am Tag gondelte das „Zinstach-Bockerl", wie der Volksmund das Güterbähnchen nannte, zwischen Walhallastraße und Kareth hin und her. Mit dickem Qualm nebelte es die Regengestade ein, wenn es sich mit großer Kraftanstrengung zur Fabrikeinfahrt hinaufarbeitete.

Es mag eine echte bayerische Kleinbahnidylle gewesen sein, wenn die zierlichen Glaspalast-Maschinen mit ihren drei bis vier Wägelchen gemütlich am Regenufer entlangzuckelten. Auf dem ersten Wagen stand der Zugführer an der Handbremse, und wenn es dann in die Lappersdorfer Straße hineinging, setzte sich der „Fah-

nerlbua" in Bewegung, um das „Zinstach-Bockerl" bis zum Weigl-Haus zu geleiten. Von der Spitzkehre beim Gasthaus Weigl ging es dann mit Volldampf ab in Richtung Walhallastraße. Die schwachen Maschinen mit ihren nur 50 oder 60 Pferdestärken mußten in der Brückenzufahrt mit Höchstleistung gefahren werden, sollte es nicht zum Stehenbleiben der Materialzüge auf der Regenbrücke kommen. Oft genug ist es passiert, wie später noch zu berichten sein wird, daß die Lokalbahnzüge in dieser gefürchteten Steigung wegen Entkräftung der Lokomotive hängenblieben.

Durch den starken Zugverkehr mit Kareth verdichtete sich die Zugfolge in Steinweg und Reinhausen zum Leidwesen der dortigen Bürgerschaft ganz erheblich. Kaum hatten sich die Rauchschwaden und der Gasgestank aus den Straßen verzogen, da dampfte bereits der nächste Zug in einer Rauch- und Dampfwolke eingehüllt heran. Mißmutigen Blickes verfolgten die Einwohner die zunehmende Umweltver-

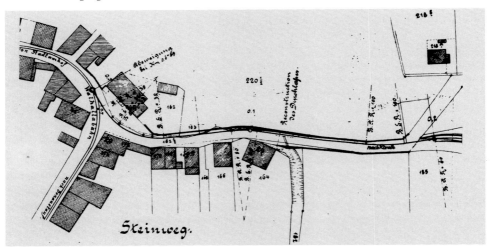

Abzweigung des Zinstag-Gleises in Steinweg mit der Gleisführung auf der Lappersdorfer Straße

25

schmutzung, und mancher schickte den durchfahrenden Zügen wüste Schimpfworte und Verwünschungen hinterher, wenn es das Bockerl wieder einmal ganz arg getrieben hatte.

Infolge übermäßiger Lokomotivanstrengung ausgesprühte Funken setzten mitunter das Packstroh in den Ziegelwaggons in Brand, so daß die Materialzüge des öfteren mit in Flammen stehenden Wagen durch die Straßen fuhren.

Eine willkommene Gelegenheit zum Schwarzfahren wurde das „Zinstach-Bokkerl" für die heranwachsenden Burschen, die auf die Güterwagen aufsprangen und zum Baden am Regenstrand mitfuhren.

Transportleistungen

Der wirtschaftliche Erfolg des Zinstag-Gleises stellte sich bereits im ersten Betriebsjahr ein, als die Einnahmen der Walhallabahn sprunghaft anstiegen. Die Ladestelle in der Ziegelei hatte als Verkehrsstelle die Bezeichnung Stadtamhof-Kareth. Durch die Zinstag-Züge wurden beispielsweise 1906 25 994 t und 1907 27 191 t Ziegel abgefahren, die in der Masse in Walhallastraße auf die Staatsbahn übergingen. Umgekehrt kamen aus dem Staatsbahnnetz mehrere tausend Tonnen Kohle im Jahr für die Großziegelei.

Zwischen der Verkehrsstelle Stadtamhof-Kareth und den Verkehrsstellen der Walhallabahn wickelte sich auch ein interner Verkehr ab, wenn auch in viel bescheidenerem Maße, wobei es sich hauptsächlich um Ziegeltransporte für den örtlichen Bedarf handelte.

Nach einem Verkehrseinbruch bei Kriegsbeginn erlebte die Güterbahn nach Kareth im Verlauf des I. Weltkrieges einen unerwarteten Aufschwung. Durch umfangrei-

che Kriegslieferungen der Zinstag-Werke für militärische Anlagen kam der Zugverkehr mit Kareth wieder voll in Gang und nahm ein Ausmaß an, das mit dem verbliebenen Betriebsapparat kaum noch bewältigt werden konnte.

Nach Auskunft des früheren Betriebsleiters der Zinstag-Werke, Herrn Otto Zunke, hat die Kleinbahn einwandfrei und zuverlässig gearbeitet, nicht selten 20 bis 30 Waggons täglich abgefahren und alle Kohlentransporte ausgeführt.

Jähe Wende und Auslaufbetrieb

Mitten auf dem Höhepunkt dieser Verkehrsentwicklung kam für die Zinstag-Bahn eine jähe Wende, als die Großziegelei vom 8. auf den 9. Dezember 1917 ein Raub der Flammen wurde. Die Bahn rechnete mit einem Wiederaufbau und beließ zunächst das Gütergleis. Hin und wieder kamen noch Frachten in Kareth auf. So brachte die Ziegelei Strobel einzelne Ladungen statt in Walhallastraße in Kareth auf die Bahn. Als die Eigentümer das Ziegeleigelände an die Landessiedlungsstelle veräußerten, wurde die Industriegleisanlage 1921 abgebrochen. Ein ehemaliger Walhallabahnmitarbeiter erinnerte sich noch daran, als das Gleis herausgerissen wurde und die Bahnarbeiter während der Brotzeitpausen in den Schächten der hohen Fabrikschlote Karten spielten.

Während des Auslaufbetriebes kam es am 25. Februar 1919 noch zu einem tragischen Bahnunfall. Die Güterfahrt 4 von Kareth fuhr auf der Lappersdorfer Straße, als von der geschobenen Abteilung eine Ziegeleiarbeitersfrau erfaßt wurde und umkam. Der Unfall hatte ein gerichtliches Nachspiel mit einem Lokaltermin bei der Weigl'schen Gastwirtschaft.

Vorgeschichte

Die Bemühungen der unterhalb Donaustauf gelegenen Gemeinden, in das Eisenbahnnetz einbezogen zu werden, reichen weit zurück. Namentlich Wörth a. D. strebte schon frühzeitig danach. Die abgeschlossene Verkehrslage beeinträchtigte das Wirtschaftsleben. Weder der Waldreichtum und die Steinbrüche des Vorwaldes noch die fruchtbaren Fluren der Donauauen konnten entsprechend genutzt werden.

Mit dem Auftauchen des Straßenbahn-Projekts zur Walhalla lebten in Wörth a. D. die alten Interessen wieder auf. Zunächst fand das Vorhaben der Lokalbahn-Aktiengesellschaft dort allerdings keine Sympathien, da die Tauglichkeit der schmalen Spur für den Gütertransport bezweifelt wurde. Den Vorzug genoß vielmehr ein früherer Plan, der eine vom Bahnhof Walhallastraße abzweigende Normalspurbahn vorsah. Mit einer anfangs 1888 an die Generaldirektion der K. B. Staatseisenbahnen gerichteten Petition versuchte man, dem Walhallabahn-Projekt noch zuvorzukommen. Erst als dafür keine Aussicht mehr bestand, die Linie Stadtamhof – Donaustauf aber langsam Formen annahm, wandte sich der Markt Wörth a. D. dem Weiterbau dieser Bahn zu. Ein erster noch während des Walhallabahnbaues unternommener Vorstoß blieb jedoch ergebnislos.

Auf weiteres Drängen hin gab die Lokalbahn-Aktiengesellschaft Ende 1891 ihre abwartende Haltung auf, ließ sich die Projektierungskonzession (8. 12. 1891) für den Abschnitt Donaustauf – Wörth a. D. erteilen und beauftragte Ingenieur August von Medvey mit der Aufnahme der Trasse.

Von den Bahninteressenten erwartete die Gesellschaft die Mittel zum vollständigen Erwerb des Terrains.

Ein Eisenbahn-Komitee wird gegründet

Im Herbst 1892 konstituierte sich in Wörth a. D. ein Eisenbahn-Komitee, dessen Vorsitz der K. Oberamtsrichter Nepomuk Brandl übernahm. Das Komitee ging zwar sogleich an die Zuschußfrage heran, konnte aber zunächst nicht einmal über die Hälfte des geforderten Betrages verfügen. Zu schwer lasteten noch die Folgen der großen Feuersbrunst vom Dezember 1892 auf der Gemeindekasse.

Erst als das Komitee namhafte Persönlichkeiten vorspannte und das Interesse des Fürstlichen Hauses Thurn und Taxis weckte, gelang es, bis Ende 1895 einen ausreichenden Fonds zu sichern. Mit der schmalen Spur wollten die Interessenten sich aber nun nicht mehr begnügen. Eine Abordnung reiste in die Landeshauptstadt und versuchte, das Bahndirektorium umzustimmen, das jedoch kategorisch auf der Meterspur beharrte. In dem anschließenden Schriftwechsel ließ die Gesellschaft ein Nachlassen ihres Interesses durchblicken. Kurz und bündig teilte sie dann im März 1896 mit, daß sie das Projekt für gescheitert betrachte.

Der Wunschtraum von einer
Normalspurbahn über die Donau

Diese Enttäuschung entmutigte den Eisenbahnausschuß in Wörth a. D. nicht. Da auf der linken Donauseite die Walhallabahn im Wege stand, suchte man den Schienenanschluß jetzt via Donau in südlicher Richtung. Gleich nach der Absage aus München sprach sich das Komitee Wörth a. D. unter seinem neuen Vorstand, Notar Friedrich Dengler, für eine die Donau überquerende und über Pfatter führende Lokalbahn aus. Bei Radldorf sollte dieselbe an die Hauptbahn Regensburg – Straubing anschließen, nachdem vorher Taimering und Sünching zur Debatte gestanden hatten. Neben einem lebhaften Frachtzugang von großen Ländereien rechnete man mit einer Hilfe der Gäubodenstadt Straubing. Pfatter stimmte begeistert zu.

Aber nicht überall wurde dieser Plan befürwortet. Besonders im Nachbarort Wiesent wuchs die Gegnerschaft. Für das dort neugegründete Eisenbahn-Komitee stand als Zielbahnhof Regensburg außer aller Zweifel. Es trieb energisch ein Gegenprojekt voran, das den Donauübergang zwischen den Uferdörfern Frengkofen und Illkofen vorsah, mit weiterem Verlauf über Friesheim, Sarching und Barbing nach Regensburg. Dem schlossen sich die meisten Gemeinden stromaufwärts an.

In Wörth a. D. gewann das Wiesenter Projekt ebenfalls Freunde, nachdem die Nachteile der Radldorfer Route immer deutlicher hervortraten. Unter diesem Druck gab das Komitee Wörth a. D. sein Vorhaben auf. Am 26. März 1897 entschied es sich für den neuen Linienverlauf Wörth a. D., Pfatter, Geisling, Illkofen, Regensburg, und noch selbigentags übernahm Postexpedient Josef Thoma den Komitee-Vorsitz.

Versuche, beide Nachbarorte zu einem gemeinsamen Vorgehen zu bewegen, zerschlugen sich bei einer großangelegten Bahnversammlung am 28. März im Gasthaus Schellerer zu Wiesent. In der von Pfarrer Thomas Hausladen, dem Vorstand des Eisenbahn-Komitees Wiesent, geleiteten Versammlung verhärteten sich die Standpunkte so stark, daß beide Seiten verbittert auseinandergingen. Vom selben Tag an entbrannte zwischen beiden Parteien ein mit aller Schärfe geführter Lokalbahnkampf, der sogar auf das geschäftliche Leben übergriff. In den Tagesblättern befehdeten sich die Kontrahenten; sie versuchten in langen Artikeln die Undurchführbarkeit des gegnerischen Planes zu beweisen. „Es sei das Vorhaben Wörths ebensowenig unmöglich, wie der Bau einer Zahnradbahn auf den dortigen Schloßberg", hieß es beispielsweise. Sogar uralte Prozessionen zur Nachbarpfarrei fielen plötzlich aus.

Die Ernüchterung

Kompromißlos wurden die Petitionen vorbereitet und im September (Wiesent) bzw. November (Wörth a. D.) 1897 bei der Hohen Kammer der Abgeordneten eingebracht. Wegen des parallelen Laufes zur Walhallabahn und des teueren Brückenschlages über die Donau hatte jedoch keine der Eingaben Erfolg. Die Eisenbahnfrage stand wieder auf dem alten Fleck.

Nach Ansicht des Generaldirektors der K. B. Staatseisenbahnen, von Ebermayer, bot nur die Verlängerung der Walhallabahn Aussicht auf Erfolg. Deshalb versuchte es Wörth a. D. nochmals mit der Lokalbahn-Aktiengesellschaft in München, die im März 1898 einlenkte. Auch begruben die Nachbar-Komitees ihre alte Fehde und

Der Bahnhof Donaustauf um die Jahrhundertwende

Das Bockerl am Fuß der Walhalla in voller Fahrt nach Wörth a. D.

hielten die erste gemeinsame Sitzung am 7. Juli 1898. Jetzt kam die Angelegenheit in ein frischeres Fahrwasser. Den Eisenbahnausschuß in Wörth a. D. leitete forthin Bierbrauer Georg Mayer.

Am 10. November 1898 wurde der Vertrag mit der Lokalbahn-Aktiengesellschaft abgeschlossen. Danach hatten die Bahninteressenten die Grundstücke abzulösen, die Betriebsmaschinen mit Wasser zu versorgen und den Bau der Stationsstraßen zu bezahlen. Das fehlende Geld hoffte das Eisenbahn-Komitee Wörth und Wiesent durch eine im Februar 1899 eingereichte Bittschrift vom Staat zu erlangen. Jedoch vergeblich, denn die Regierung lehnte einen Zuschuß für diese Privatbahn ab.

Schwierigkeiten am laufenden Band

Vom anderen Donauufer verfolgten argwöhnische Blicke das zuerst belächelte, dann aber ernst werdende Schienenprojekt. In dem geplanten ufernahen Bahndamm sahen die Ortschaften rechts der Donau eine erhöhte Hochwassergefahr. Sie sagten deshalb den Eisenbahnverfechtern drüben den Kampf an. „Das Donautal braucht eine Normalspurbahn und kein Christkindlspielzeug zum Spazierenfahren", wetterten sie. Diese Gegenmaßnahmen gipfelten in einer Eingabe (29. Januar 1899), die neuerdings eine donauüberquerende Lokalbahn forderte. Schließlich sah sich die Lokalbahn-Aktiengesellschaft gezwungen, den projektierten Bahnverlauf zwischen Bach und Kruckenberg zur Bergkette hin zu ändern.

Im April 1899 fanden die Bodenerwerbsverhandlungen statt. Da sich ungewöhnlich viele Grundbesitzer weigerten, kam es durch die Zwangsenteignung (Ende 1901) zu zahlreichen Prozeßstreitigkeiten.

Noch viele Hindernisse mußten überwunden werden, ehe Prinzregent Luitpold am 23. Dezember 1900 die Konzession erteilte. Auf Einspruch der Gesellschaft setzte er die Konzessionsdauer für die Gesamtstrecke auf 99 Jahre fest, gerechnet ab 23. September 1888.

Obwohl die Weichen nun gestellt waren, verzögerte sich der Baubeginn weiter. In Wörth a. D. verbreitete sich deswegen eine arge Mißstimmung, um so mehr, weil die Gegner ihre Schadenfreude unverhohlen zum Ausdruck brachten. Im Fasching hatten sie gar das langsame Vorwärtskommen mit einer spöttischen Darstellung der „Er-

Die erste auf der neuen Bahnlinie Donaustauf – Wörth a. D. gelöste Fahrkarte. Mit ihr fuhr Notar Dengler am 1. Mai 1903

sten Probefahrt nach Wörth a. D." verulkt. Währenddessen wurde in München an den Detailplänen gearbeitet.

Der Markt Donaustauf wehrte sich weiter gegen die Bahnverlängerung. Hierbei standen wirtschaftliche Überlegungen im Vordergrund, die einen Verlust des Pflaster- und Brückenzolls durch Verlagerung von Holzfuhren auf die Bahn befürchten ließen. Schließlich war mit dem vorgenannten Markt noch eine Streitfrage wegen der Lage der Haltestelle Walhalla auszufechten, bis endlich am 7. April 1902 die Münchner Firma Müller und Kollmus mit den Arbeiten begann.

Bahnbau und Eröffnung

Der Baubetrieb gliederte sich in drei Abteilungen mit den Bauleitern Rauh, Hartenstein und Stöfl. Die Gesamtaufsicht oblag Ingenieur Kollmann.

Für viele im Donautal versprach der Bahnbau Arbeit und Verdienst. Man war deshalb sehr verärgert, als die Firma Italiener an die Baustelle brachte. Der Unmut steigerte sich soweit, daß sogar gedroht wurde, dieselben am Arbeiten zu hindern. Durch den Einsatz von zeitweise bis zu 500 Mann, darunter dann doch viele italienische Arbeiter, schritt der Bau rasch voran. Längs der Linie herrschte ein geschäftiges Leben und Treiben, und in den nahen Steinbrüchen krachten täglich Sprengschüsse zur Gewinnung des Schottermaterials.

Um gegen Ausschreitungen der Bahnarbeiter, wie sie beim Bau von Eisenbahnen gelegentlich vorgekommen sind, gewappnet zu sein, verstärkte das K. B. Gendarmerie Corps die Gendarmeriestation Sulzbach a. D.

Bereits im Herbst konnte mit dem Legen der Schwellen und Schienen begonnen werden. Im November lag der Schienenstrang fertig auf der Teilstrecke bis Bach a. D., die sogleich dem Transport von Kohlen und Zuckerrüben mittels der Bauzüge nutzbar gemacht wurde. Begünstigt durch den schneearmen Winter näherte sich der Bahnbau zügig seinem Ziel. Anfang Februar 1903 dampfte der erste Bauzug, bespannt mit einem fabrikneuen Dampfroß, in Wörth a. D. ein.

Eine Kommission unterzog die fertige Bahnlinie am 24. April der technischen Prüfung und befand sie für voll betriebsfähig.

Das angeschüttete Erdmaterial bezifferte sich auf 75 000 m³. Rund 900 000 M betrugen die Gesamtkosten, wozu die Bahninteressenten 129 325 M beigesteuert hatten. Letztere brachten außerdem 27 000 M für den Bau der Stationsstraßen auf. Die Hauptlast für den Zuschuß trugen das Fürstliche Haus Thurn und Taxis (55 000 M), der Distrikt Wörth a. D. (40 000 M), die Gemeinde Wörth a. D. (25 000 M), die Stadt Regensburg (13 000 M), die Gemeinde Wiesent (10 000 M) und die Gemeinde Kiefenholz (3000 M).

Ein glanzvolles Ereignis wurde die Inbetriebnahme der Bahn. Viele Persönlichkeiten, an ihrer Spitze Regierungspräsident Ritter von Lutz, gaben der neuen Bahnlinie die Ehre. Längs der Vorberge war jung und alt unterwegs. Die Festfahrt am 30. April 1903 glich einem Triumphzug. Zur Feier des Tages hatten sich alle Orte mit Flaggen und Kränzen geschmückt. Auf den Bahnhöfen war die Schuljugend mit weißblauen Fähnchen aufmarschiert. Von den Berghängen hallten Salutschüsse über das Donautal, als der Jungfernzug nach Wörth a. D.

dampfte. Tausendstimmige Hochrufe erschollen auf der Endstation, wo die Honoratioren, angeführt von Bürgermeister Henfling, den Zug mit seinen Fahrgästen empfingen. Mit Musik und Vereinen ging es in den Markt Wörth a. D. hinein, wo das denkwürdige Ereignis bis tief in die Nacht hinein gefeiert wurde. Anderntags, am Freitag, dem 1. Mai 1903, folgte die allgemeine Betriebseröffnung.

Streckenverlauf und technische Details

Das neue Bähnchen verlief auf dem ebenen Gelände zwischen den Bayerwaldausläufern und der Donau. Es umging Donaustauf am südlichen Ortsrand und führte am Fuß der Parkanlage der Walhalla entgegen. Hier zwang der weitausladende Donaubogen die Trasse an den Berghang. Im Hintergrund die dunklen Wälder des Fürstlichen Thiergartens zog die Linie an Sulzbach a. D. vorbei und setzte über den Otterbach, bevor sie durch den Scheuchenberg wieder gegen die Donau abgelenkt wurde. Entlang der Bergkette ging es durch mäßige Einschnitte, vorbei an dem abseits gelegenen Demling, dem Ort Bach a. D. entgegen. Zwischen Bach a. D. und Krukkenberg grüßten weinbebaute Hänge auf den glänzenden Schienenpfad herab. Nach Kruckenberg weitet sich das Gelände, über dessen Wiesen und Äcker das Gleis gerade und fast dammlos Wiesent entgegeneilte. Dort überquerte es den Wildbach und mündete im Anblick der erhabenen Burg Wörth in die Endstation auf Kote 324,90 ein. Durch die 14,69 km lange Anschlußlinie erweiterte sich die Walhallabahn auf 23,48 km. Der kleinste Gleisradius von 100 m lag bei Donaustauf, die größte Stei-

gung von 15 Promille bei der Haltestelle Kruckenberg. Von den acht Betriebsstellen dienten Sulzbach a. D. (km 11,2), Bach a. D. (km 16,2), Wiesent (km 22,0) und Wörth a. D. (km 23,4) dem Personen- und Güterverkehr, während Walhalla (km 9,8, mit Ausweichgleis), Demling (km 13,7), Frengkofen (km 17,4) und Kruckenberg (km 18,9) nur einfache Personen-Haltestellen waren. Im Oktober 1903 kam die Haltestelle Demling-Steinbruch (km 12,3) noch hinzu.

Wegen des umfangreichen Holzversandes besaßen die Stationen große Holzlagerplätze und lange Verladegleise. Größere Anlagen aber gab es nur auf der Endstation mit einem Aufnahmegebäude, einer Güterhalle sowie einer Lokomotiv- und Wagenremise.

Der „Feurige Elias", von Wörth a. D. kommend, am Schloßpark von Donaustauf

Der Personenbahnhof in Stadtamhof

Massenandrang auf die Züge

Der Abfahrtsbahnhof in Stadtamhof verbuchte im Personenverkehr von allen Verkehrsstellen die meisten Einnahmen. Das Jahr 1925 mit 73 000 in Stadtamhof verkauften Fahrkarten, bei 191 000 auf der ganzen Bahn abgegebenen Billetts, kann als repräsentativ gelten.

Während der schönen Jahreszeit gab es an Sonn- und Feiertagen oft einen regelrechten Massenansturm auf die Züge. Von auswärts kamen Reisegesellschaften mit der Staatsbahn, deren Ziel die Walhalla war. Aus der Stadt drängten die Ausflügler hinaus ins Grüne. Der Massenandrang konnte nur mit vielen zusätzlichen Sonderzügen bewältigt werden. An solchen Tagen herrschte ein geschäftiges Leben und Treiben auf der Hauptstraße. Scharen von Menschen bevölkerten das Stadtzentrum, bis die überlangen Züge mit 10 und mehr Wagen bereitstanden und der Ansturm auf die Züge begann.

Bei der verkehrsgünstigen Lage des Abfahrtsbahnhofs konnte es nicht verwundern, daß sich die Lokalbahn-Aktiengesellschaft später mit allen zu Gebote stehenden Mitteln gegen eine Verdrängung der Bahn aus den Vororten zur Wehr setzte. Die Bahnanlagen in Stadtamhof waren denkbar einfach. Ein Gleis diente der Ein- und Ausfahrt der Züge, ein zweites zum Umsetzen der Lokomotiven, dazu zwei Weichen, alles in Rillenschienenoberbau. Die Fahrkartenverkaufsstelle mit einem Schalter und einem Warteraum befand sich im Haus der Bäckerei Arold. Nebenan stand der Backofen, der gratis die Heizwärme für die Bahnlokalitäten lieferte. Eine große Standuhr am Schalter diente als Bahnuhr für Personal und Fahrgäste. Der Fahrkartenexpeditor, der zu jedem Zug von der Güterabfertigung in der Drehergasse herüberwechselte, mußte mindestens eine halbe Stunde vor Zugabfahrt den Schalter öffnen, um ein übermäßiges Gedränge zu vermeiden. Zum Schluß gab er noch die Zugmeldung ab und ging wieder zurück in die Drehergasse.

In Stadtamhof gab es nur einen größeren Bahnumbau, als im I. Weltkrieg der zu schwache und abgenützte Gleisoberbau des Systems Hartwich durch einen stabileren Oberbau des Systems Phönix ersetzt wurde.

Der Güterverkehr für Stadtamhof wickelte sich im vorgelagerten Güterbahnhof in der Drehergasse ab. Hin und wieder kamen aber auch Güterfahrten bis nach Stadtamhof, wenn z. B. Güterwagen für die Malzfabrik Herrmann bereitgestellt werden mußten. Kleingut, wie Fische aus Frengkofen oder Obst in Körben, wurde mit den Personenzügen nur dann bis Stadtamhof befördert, wenn es sogleich am Zug in Empfang genommen wurde.

Widrigkeiten und Kleinbahnromantik

Der Bahnbetrieb in Stadtamhof brachte eine schier unglaubliche Fülle von Kuriositäten und Betriebswidrigkeiten mit sich. Durch die Steinerne Brücke, der einzige Donauübergang für den Straßenverkehr weit und breit, verdichtete sich der Straßenverkehr in Stadtamhof. Dazu überlagerte sich der Bahnverkehr mit einer beträchtlichen Zugfrequenz, was zwangsläufig zu Komplikationen führen mußte.

Bei der Gleisführung mit einer scharfen Kurve auf den Dultplatz hinaus wurde dem Lokführer einfahrender Züge durch den Torpylon der Stadttoranlage die Sicht in die Hauptstraße erschwert, ein Umstand, der manchen Unfall mit verursachte.

Stadtamhof war aber auch ein Stück echter Kleinbahnromantik, wie aus der nachfolgenden Erinnerung meines Vaters aus seiner Lehrzeit zu spüren ist: „Das Bockerl hatte noch keine Lichtmaschine, sondern nur Petroleumbeleuchtung. Der Zug mit seiner spärlichen Beleuchtung war ein imposanter Anblick. Der Lokheizer richtete das Feuer. Als er die Feuertür öffnete und Kohle in die kleine Feuerbüchse legte, war der Führerstand vom Feuerschein so romantisch beleuchtet. Für mich als kleinen Lehrbuben aus Steinweg war es ein faszinierender Eindruck. Aus dem Kamin stieg schwarzer Rauch auf, und das ganze Bockerl stand voll unter Dampf. Es lag ein sonderbarer Geruch nach Kohlenrauch, Dampf und Öl in der Luft. Ich beobachtete den Lokführer, wie er nach einem Achtungspfiff den Dampfregler aufmachte und sich der Zug langsam in Bewegung setzte."

Bei den laufenden Schwierigkeiten durch die Obrigkeit von Stadtamhof erwies sich der Bahnbetrieb dort für die Bahnverwaltung als wenig erfreulich. Als dann 1933 der Bahnverkehr nach Stadtamhof eingestellt werden mußte, hatte auch Stadtamhof einiges verloren. Zu spät kam die Erkenntnis, daß die Walhallabahn ein wesentlicher Wirtschaftsfaktor für Stadtamhof war.

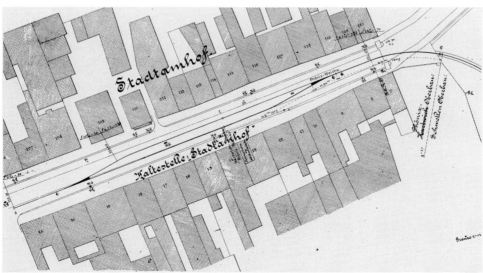

Die Hauptstraße von Stadtamhof mit den Gleisanlagen der Walhallabahn. Das Hauptgleis diente der Einfahrt, Bereitstellung und Ausfahrt der Züge, das Nebengleis zum Umsetzen der Zuglokomotiven

WALHALLA-BOCKERL und Stadtamhof, ein Bild voller Stimmung und Harmonie

Leben und Treiben auf der Stadtamhofer Hauptstraße. Im Hintergrund Personenzug mit umsetzender Lok (um die Jahrhundertwende)

Trambahnzug in Stadtamhof, bereitgestellt zur Abfahrt nach Donaustauf

Ebenfalls eine Aufnahme aus der frühen Walhallabahnzeit. Trambahnzug Richtung Donaustauf überquert den Dultplatz

Der Güterbahnhof in der Drehergasse –
Güterverkehrszentrum von Stadtamhof und Steinweg

Betriebsaufnahme und Bahnhofserweiterung

Infolge fehlender Räumlichkeiten stand in Stadtamhof das Transportgut oft stundenlang neben dem Bahngleis auf der Straße herum. Bierfässer, Kisten, Körbe und dergleichen behinderten die Fuhrwerke und versperrten die Hauseinfahrten. Auf energische Beschwerden von Bürgermeister Straßer nahm das Bahnunternehmen den Ladedienst aus dem Stadtinneren heraus und errichtete bei der Haltestelle Dultplatz im Drehergäßchen auf der Ettlwiese einen Bretterschuppen mit Expeditionsraum. Zu dem bereits vom ursprünglichen Bahnbau vorhandenen Umfahrgleis kam noch ein Abstellstutzen hinzu, und fertig war der Güterbahnhof Stadtamhof-Steinweg in seiner Anfangsphase. Diese Ladestelle wurde am 15. Januar 1899 ihrem Zweck übergeben.

1904 wurde die Güterhalle vergrößert, und 1910 mußten die Gleisanlagen wegen des immer reger werdenden Güterverkehrs wesentlich erweitert werden. Bei dem expandierenden Güterverkehr hatten die zwei Gleise, von denen eines für die Durchfahrt der Personenzüge freigehalten werden mußte, nicht mehr genügt. Durch Verlängerung des Hallengleises und Herstellung eines Ladegleises bekam der Spurplan seine endgültige Form. Der bedeutende Stückgutverkehr erforderte eine Vergrößerung der Güterhalle.

Seit 1906 führte ein Anschlußgleis durch den ehemaligen Zachgarten zum Brennstofflager des Herrn Max Krempel. Bis zur Inbetriebnahme der Güterladestelle in Reinhausen, 1911, war der Güterbahnhof auch Bahnstation für die Händler und Kaufleute in Reinhausen, die mit dieser Verkehrbedienung wegen der langen Anfahrt über den Dultplatz und der beengten Verhältnisse im Bahnhof wenig Freude hatten.

In der Drehergasse dominierte der Stückgutverkehr, während der Wagenladungsverkehr mit der Eröffnung der Güterstation Reinhausen merklich zurückging. 1925 hatte Reinhausen einen Wagenladungsverkehr von 26 000 t und Stadtamhof/Steinweg nur noch 4 000 t, während sich der Stückgutverkehr, den Steinweg auch noch für Reinhausen abwickelte, auf 2 087 t belief.

Bei den Wagenladungen nach Steinweg handelte es sich vorwiegend um Kohle aus den ober- und niederschlesischen sowie aus den böhmischen Kohlenrevieren. Nachteilig wirkte sich aus, daß sämtliche Güter in Walhallastraße umgeladen werden mußten, weil der Rollbockverkehr wegen der Regenbrücke und der engen Straßen nach Steinweg nicht möglich war. Der Güterbahnhof war auch Wasserstation. Bei Bedarf faßten dort die Loks der Personenzüge bzw. der Zinstag-Züge Wasser.

Verkehrsbedienung, Rangierbetrieb und Bahnunfälle

Bei normalem Frachtanfall wurde der Steinweger Güterbahnhof durch vier Güterzugfahrten am Tag, zwei vormittags und zwei nachmittags, vom Lokal-Bahnhof Walhallastraße aus bedient. Gegen

Aufenthalt auf der Haltestelle Dultplatz in Steinweg (1908). Der „Fahnerlbua", zweiter von links neben der Lok, hat den Zug durch die engen Straßen von Reinhausen und Steinweg begleitet

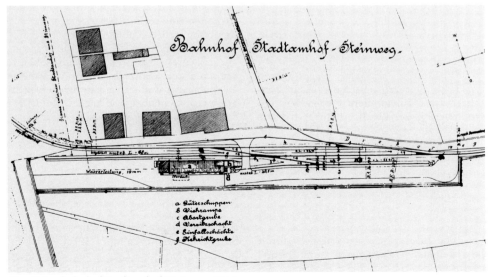

Der Güterbahnhof Stadtamhof-Steinweg 1914

8.00 Uhr brachte der erste Güterzug die Kohlenwaggons für die Kohlenhändler Krempel, Baier und Stoffel. Der Retourzug nahm leere Kohlenwagen mit. Die Güterfahrt gegen 10.00 Uhr übernahm die Stückgutbedienung. Von den Güterfahrten nachmittags diente wiederum eine dem Stückgut- und die andere dem Kohlentransport. Bei Überlänge der Personenzüge reichte in Stadtamhof die Gleislänge zum Umsetzen der Lok nicht mehr aus. Die Züge erhielten dann in der Drehergasse einen Bedarfshalt zum Abhängen von Waggons. Die Reisenden mußten dann den Weg nach Stadtamhof zu Fuß antreten.

Bei der beschränkten Gleiskapazität des Bahnhofs gestaltete sich der Rangierdienst schwierig, mit vielen Rangierbewegungen für das Auflösen und Bilden der Züge. Der rauhe Bahnbetrieb lief nicht immer reibungslos ab. Daß mal eine Weiche unter einem rangierten Wagen umgestellt wurde und der Wagen aussprang, gehörte zum Rangiergeschäft. Aber auch Züge entgleisten dort, wie am 9. Juli 1911 der Personenzug 113, bestehend aus Lok 67 und 9 Wagen, bei der Einfahrt von Steinweg. Auch mit Kontredampf konnte der Lokführer das Malheur nicht verhindern. Ein schwerer Rangierunfall ereignete sich am 1. Februar 1908 beim Ausrangieren des Güterzuges 1, als ein Stationsarbeiter beim Aufspringen auf einen Wagen abglitt und überrollt wurde.

Kontroversen mit dem Magistrat
und Tummelplatz für Halbwüchsige

Streitigkeiten gab es zwischen dem Magistrat von Steinweg und der Lokalbahnverwaltung, weil die Spediteure bei der Fahrt zum Ladehof mit ihren Fuhrwerken das Drehergäßchen benützten, obwohl dasselbe als Gehweg sogar für Handkarren gesperrt war. Als dann auch noch schwere Lastautomobile ihren Weg zur Güterabfertigung durch das Drehergäßchen einschlugen, war die Geduld des Magistrats zu Ende und spitzte sich die Auseinandersetzung in einem scharf geführten Schriftwechsel zu. Bürgermeister Aenderl drohte der Lokalbahn-Aktiengesellschaft die strengsten Maßregeln an und wollte das Gäßchen verpflocken und unter Polizeiaufsicht stellen lassen.

Gleichzeitig stritt man sich wegen der Kosten für die Straßenbeleuchtung, die Steinweg von Petroleum auf Azetylen umgestellt hatte. Die Hauptgründe für die Installation des helleren, aber auch teureren Azetylenlichtes waren letztlich der Schienenstrang, der nun Steinweg durchzog, und die Gefährdung der Bürger, wenn die Walhallabahn bei Dunkelheit mit ihren „himmellangen Zügen" den Markt durchfuhr.

Für die Halbwüchsigen aus Stadtamhof und Steinweg war der Bahnhof in der Drehergasse ein gefragter Tummelplatz. Dort auf dem idyllischen Vorstadtbahnhof konnte der Eisenbahnbetrieb hautnah beobachtet werden, wenn die putzigen Maschinen beim Rangieren fauchend und pustend hin- und herratterten. Auf den Waggons herumzuklettern oder gar auf bewegten Wagen mitzufahren, gehörte zu den Mutproben, die nicht immer glimpflich ausgingen.

Hochbetrieb an Viehmarkttagen
und während der Dult

Zur Zeit des Viehmarktes in Stadtamhof herrschte auf der Güterstation Hochbetrieb, ebenso zur Dultzeit. Manche Mark

Im „Drehergaßl" (um 1905). Dahinter Steinweg

Die vergrößerte Güterhalle in der Drehergasse zu Steinweg (1913). Links der Stationsvorsteher

40

Trinkgeld konnte sich an diesen Tagen das Ladepersonal von den Viehhändlern und Fieranten verdienen.

An Viehmarkttagen verkehrten in der Regel Extra-Viehzüge bis zur Drehergasse. Waren es nur einzelne Viehwagen, so wurden diese kurzerhand den Personenzügen angehängt. Niemand störte sich dabei an dem Geschrei und Geblöke der verfrachteten Tiere, das in urwüchsigen Lauten in die Fahrgasträume der Personenwagen, auch in die Komfortklasse, vordrang.

An Viehmarkttagen nahm der Bahnhof ländlichen Charakter an, wenn die Viehhändler auf der Viehrampe ihr Großvieh ausluden. Kleinvieh, wie Kälber, Schweine und Gänse, mußte dagegen vom Bahnpersonal entladen und in eine Kleinviehstallung an der Güterhalle verbracht werden. Während der Dult und an Viehmarkttagen mußte der Personenverkehr von Stadtamhof zum Güterbahnhof ausgelagert werden. Die Betriebsabwicklung auf dem kleinen Bahnhof wurde dann noch hektischer. Bei Hochwasser war für die Personenzüge ebenfalls Endstation in der Drehergasse. Hin und wieder waren auch die Gleise des Güterbahnhofs überflutet. Dann blieb den Reisenden nichts anderes übrig, als durch das Wasser zu waten. Im Normalbetrieb hielten die Züge dort nur zum Abhängen von Güterwagen oder bei Zugkreuzung.

Dienstorganisation und Informationen aus erster Hand

Die Güterabfertigung Stadtamhof-Steinweg befand sich einst dort, wo heute die Kanalbrücke ist. An Werktagen war der Bahnhof viermännig besetzt. Zwei Mann besorgten den Büro- und Abfertigungsdienst sowie den Fahrkartenverkauf in Stadtamhof. Die übrigen Bahnbediensteten hatten den Ladedienst zu erledigen, die Züge durch Steinweg und Reinhausen zu begleiten und das Zugpersonal der Güterzüge beim Rangieren zu unterstützen. An Sonntagen befanden sich nur zwei Mann im Einsatz. Gefürchtet war der Feiertagsverkehr an Ostern und Pfingsten mit vielen Sonderzügen und voller Zugauslastung. Ein Mann war dann ununterbrochen mit dem Laufen vor den Zügen beschäftigt, während der andere den Fahrkartenverkauf besorgte.

Das Personal mußte viele Überstunden leisten, die weder bezahlt noch ausgeglichen wurden. Niemand fragte danach, denn jedermann mußte froh sein, Arbeit zu haben. Beim Ausladen des Rotwilds und schwerer Hirsche aus dem Thiergarten mußte das Personal schwer schuften.

Johann Rösch, langjähriger Walhallabahnbediensteter und Mitarbeiter des Güterbahnhofs in der Drehergasse, erzählte von seiner dortigen Tätigkeit wie folgt: „G'arbeit' hama von in der Früh um Sechse bis auf d'Nacht um Sechse. Zu unser'r Aufgab' hat auch der Fahrkartenverkauf drin in Stadtamhof g'hört. Der Fahrkartenschalter war dort im Haus von der Bäckerei Arold, direkt neben der Backstub'n. Viel Arbeit gab's an de Viehmarkttag' und vor der Dult, wenn des Schaustellergut ang'rollt ist. Am meist'n Aufregung aber hat's geb'n, wenn ein Viech beim Auslad'n ausg'rissen ist, bis dann wieder eing'fangt war. Des war vielleicht eine Gaudi. Eine richtige Schinderei war auch des Auslad'n der zentnerschwer'n tot'n Hirsch aus dem Fürstlich'n Thiergart'n. Zu sein'm Ladeg'schäft mußt' man auch noch alle Aug'nblick mit dem rot'n Fahnerl zwischen Steinweg und Reinhausen vorm Zug herlaffa. Na, des war wirklich koa einfache Sach'."

Während einer Rangierpause auf dem Güterbahnhof in Steinweg

Personenzug Richtung Donaustauf auf dem Güterbahnhof in Steinweg. Die Aufnahme stammt aus der Zeit um 1930. Das Bockerl ist bereits mit elektrischer Zugbeleuchtung ausgerüstet

Der Güterbahnhof in Reinhausen –
In der Hauptsache ein Kohlenbahnhof

Bahnhof und Pfarrhof in unmittelbarer Nachbarschaft

In Reinhausen gab es ursprünglich nur eine einfache Haltestelle in der Hauptstraße bei der Apotheke Salfner.
Erstmals 1900 befaßte sich die Lokalbahn-Aktiengesellschaft mit einer Erweiterung ihrer Bahnanlagen in Reinhausen. Am Ortsausgang auf freiem Felde, wo der frühere Weg nach der Glashütte abzweigte, hatte sie neben ihrem Bahngleis ein Areal mit der Absicht erworben, dort später eine Güterladestelle zu errichten.
Zunächst sollte an dieser Stelle mit dem Bau des Industriegleises nach Kareth ein Ausweichgleis für den zunehmenden Zugverkehr verlegt werden, das aber nicht zur Ausführung gelangte.
Mehrere Jahre vergingen, bis neue Pläne für eine Bahnstation in Reinhausen heranreiften. Der Anstoß ging von den Händlern und Kaufleuten am Ort aus, die mit ihren Fuhrwerken den Umweg über den Dultplatz zum Güterbahnhof in Steinweg in Kauf nehmen mußten. 1909 schließlich hielt die Lokalbahn-Aktiengesellschaft die Zeit für geeignet, dem Wunsch der Gewerbetreibenden Reinhausens zu entsprechen, um so mehr, als respektable Frachteinnahmen durch Kohlentransporte in Aussicht standen. Die Bestimmung der geplanten Ladestelle lag hauptsächlich in der Kohlenzufuhr nach Reinhausen.
Zur gleichen Zeit wurde nebenan der Pfarrhof für die neue Pfarrkirche im Rohbau errichtet. In der unmittelbaren Nachbarschaft von Bahnhof und Pfarrhof sahen Skeptiker Schwierigkeiten voraus, wenn die Bahngleise bis fast an die Haustüre des Pfarrherrn heranreichen und der Rangierlärm sowie die derbe Umgangssprache der Fuhrleute und des Bahnpersonals bis in das Pfarrhaus vordringen würden. Der Regensburger Anzeiger unkte, ob bei der Entwicklung des dortigen Kirchenviertels die Güterladestelle dort auf Dauer zu halten wäre. Die Lokalbahn-Aktiengesellschaft entgegnete, daß sie schon in einer Zeit das Areal zum Zweck der Errichtung einer Ladestelle erworben habe, als an einen Kirchenbau noch niemand dachte.
Bei ihren Planungen dachte die Bahn bereits an eine Errichtung von Lagerhäusern an der Bahnanlage durch Industrielle und Genossenschaften. Man rechnete mit einer günstigen Entwicklung der Ladestelle.
Als die Erdarbeiten für den Bahnhof gleich gegenüber der neuen Pfarrkirche St. Josef bereits im vollen Gange waren, machten die Kohlenhändler ihre Transporte nach Reinhausen von einer Zuführung in den Güterwagen der Staatsbahn abhängig. Durch das Umladen in die Schmalspurwagen befürchteten die Interessenten einen nicht vertretbaren Wertverlust der Kohle.
Vor dem Weiterbau wurde deshalb die Möglichkeit einer Einführung des Rollbockverkehrs nach Reinhausen untersucht. Mit dessen Hilfe konnten Regelspurwagen auch auf Schmalspurbahnen befördert werden. Nach positivem Untersuchungsergebnis nahm die Walhallabahn mit der Eröffnung ihres neuen Güterbahnhofs am 1. Mai 1911 zwischen Walhallastraße und Reinhausen den Rollbockverkehr auf.

Der Bahnhof Regensburg-Reinhausen (1952)

Die neue Betriebsstelle mit der Ortsbezeichnung Stadtamhof-Reinhausen umfaßte ein Lade- und ein Ausziehgleis, ein Hinterstellgleis sowie ein Dienstwohngebäude für den zur Beaufsichtigung und zur Verkehrsabwicklung angestellten Platzmeister, dessen Anwesenheit wegen Diebstahlgefahr auf dem abgelegenen Gelände notwendig erschien. Zudem hatte der Bahnhof eine an die Bayerische Überlandzentrale AG angeschlossene elektrische Stationsbeleuchtung, die nachts lichtscheue Elemente abhalten sollte. Die Bahn ging auf Nummer Sicher und ließ das ganze Bahngelände mit einem stacheldrahtbewehrten Holzstaketenzaun abschotten.
Der Kohlenhändler Wankerl besaß auf dem Reinhausener Güterbahnhof einen großen Kohlenschuppen, von dem aus er seine Kundschaft am Ort, in Steinweg und

Sallern belieferte. Da die Ladeverhältnisse dringend einer Vergrößerung bedurften, mußte der Wankerlschuppen einem Freiladeplatz weichen. Um der Nachfrage nach Lagerplätzen zu entsprechen, hatte die Bahnverwaltung auf der Ostseite 1921 noch einen längeren Gleisstutzen mit Zufahrtsstraße hergestellt, wo sich die Dachziegelwerke Ergoldsbach AG etablierten und die Bahn selbst einen großen Lagerplatz, vorrangig für Holz, betrieb.

Spitzenstellung im Güterverkehr

Zu den gängigsten Versandartikeln in Reinhausen zählten Backsteine und Dachziegel, deren Verfrachtung noch ganz erheblich zunahm, als sich die Ergoldsbacher Dachziegelwerke Anfang der zwanziger Jahre auf dem Bahnhof mit einem Lagerplatz ansiedelten. Hiervon erhoffte sich die Walhallabahn einen teilweisen Ersatz für die schweren Verkehrsverluste durch den Ausfall der Zinstag-Ziegelei in Kareth. Auch der Holzversand hatte Bedeutung, Hauptumschlaggut aber waren Kohlen, die täglich waggonweise in Reinhausen zuliefen.

Die Ladestelle Reinhausen nahm im Güterverkehr eine Spitzenstellung ein. Nachfolgende Zahlen geben einen Überblick über das dortige Verkehrsaufkommen. 1925 wurden im Wagenladungsverkehr 26 000 t umgeschlagen. Bei einem Gesamtempfang im Wagenladungsverkehr per 1933, einem verkehrsschwachen Jahr, von ca. 26 000 t entfielen auf Reinhausen 74%, und von ca. 17 000 t im Versand waren es 20%. Mitte der dreißiger Jahre betrug das Wagenaufkommen in Reinhausen etwa 180 Wagen im Monatsdurchschnitt.

Die Bedienung erfolgte mit Güterfahrten von Walhallastraße aus. Fast im ganzen Ort war es zu hören, wenn das Bockerl auf dem Bahnhof mit seinen Rangiermanövern begann und mit Gepuste und Gezische auf der Ladestelle hin- und herkurvte, bis jeder Waggon an seinem Platz stand. Dazwischen ertönten immer wieder helle, schrille Pfiffe weithin hörbar. Die übliche Rauchwolke über dem Bahngelände gehörte ebenso dazu wie der lästige Geruch des WALHALLA-BOCKERLS, der Kohlengasgestank, der sich in der Umgebung breitmachte. Durch die spätere Verdrängung der Bahnlinie aus dem Straßenbereich sollte der Bahnhof Reinhausen noch zusätzliche Bedeutung erhalten.

Personenzug mit Stückgutwagen, bespannt mit Lok 99 261, in Reinhausen. In dem linksseitigen Gebäude wohnte der Platzmeister des Güterbahnhofs Reinhausen. Dieses Haus ist eines der wenigen Überbleibsel aus der Walhallabahnzeit

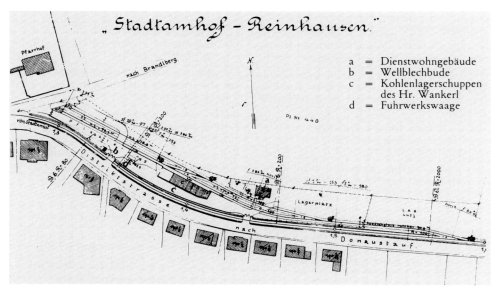

a = Dienstwohngebäude
b = Wellblechbude
c = Kohlenlagerschuppen
    des Hr. Wankerl
d = Fuhrwerkswaage

Der Güterbahnhof Stadtamhof-Reinhausen (1914)

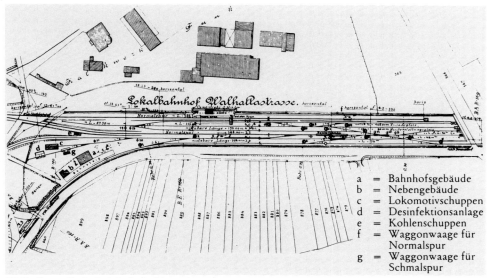

a = Bahnhofsgebäude
b = Nebengebäude
c = Lokomotivschuppen
d = Desinfektionsanlage
e = Kohlenschuppen
f = Waggonwaage für
    Normalspur
g = Waggonwaage für
    Schmalspur

Walhallastraße Lokal-Bahnhof (1914)

46

Der Lokal-Bahnhof Walhallastraße –
Rangierstation und Übergangsbahnhof

Erster Güteranschluß und Umladestelle für die Zinstag-Frachten

Umfangreiche Betriebsanlagen für den Güterverkehr besaß die Walhallabahn an der Distriktsstraße nach Donaustauf in der Nähe der Kalksteinbrüche.
Wegen des Unterschiedes in der Gleisspurweite war ein direkter Wagenübergang zwischen der Lokalbahn und den K. B. Staatseisenbahnen auf der Station Walhallastraße zunächst technisch nicht möglich. Für den wechselseitigen Güterverkehr bedurfte es deshalb einer Umladestelle.
1892 wurden, wie bereits erwähnt, die Straße nach Donaustauf und das Walhallabahngleis von der höhengleichen Kreuzung in die Unterführung der Bahnlinie Regensburg – Schwandorf verlegt. Das östliche Auffahrtsgleis zur ursprünglichen Überquerung des Bahnhofs Walhallastraße diente nun für den im selben Jahr aufgenommenen Güterverkehr als Einführungsgleis in die Staatsbahnstation. Der Güteranschluß war damit hergestellt.
Diese provisorische Anlage genügte nicht mehr, als mit den Zinstag-Frachten der Umladebetrieb sprunghaft anstieg. So entstand auf dem nordwestlichen Terrain des Staatsbahnhofs, neben dem Gemeindeweg nach Harthof, gegenüber dem Kalkwerk Micheler und dem Kalkofen der Firma Kummer & Cons. mit dem Bau des Zinstag-Gleises eine neue, größere Umladestelle, die im Juli 1900 in Betrieb überging. Die Verbindung stellte ein 568 m langes,

bei der Imprägnieranstalt Himmelsbach von der Walhallabahn abzweigendes Anschlußgleis her. Zur Versorgung der Güterzuglok für den Anschlußbetrieb nach Kareth waren eine Speiseeinrichtung mit einem täglichen Wasserquantum von 10 m^3 und ein Koksschuppen vorhanden. Der Gütertransport mit dem Karether Werk lief sogleich auf vollen Touren, denn das Zinstag'sche Unternehmen ließ seinen gesamten Frachtverkehr über die Walhallabahn abwickeln. Ziegel- und Kohlenwaggons stauten sich infolgedessen in großer Zahl auf den Umladegleisen in Walhallastraße.

Dringende Notwendigkeit und Neubau einer eigenen Rangieranlage

Mit der Bahnverlängerung nach Wörth a. D. ging es mit dem Güterverkehr weiter schwunghaft aufwärts. Die Errichtung eines eigenen Rangierbahnhofs mußte deshalb mit dem Bahnbau nach Wörth a. D. unverzüglich in Angriff genommen und parallel betrieben werden.
Als erste Maßnahme mußte die an der Südseite des Kalkwerks Funk verlaufende Distriktsstraße verlegt werden, um das Areal für die Bahnhofsanlage freizubekommen. Zwischen Kalkwerk und Distriktsstraße entstand dann der Bahnhof mit zwei Normalspur- und vier Schmalspurgleisen. Rechtzeitig, 1903, war der neue Verschiebe- und Umladebahnhof mit

der Bezeichnung „Walhallastraße Lokal-Bahnhof" betriebsbereit.

Zur großzügigen Ausstattung gehörten ein Stations- und ein Nebengebäude, ein Lokomotivschuppen sowie die Desinfektionsanstalt der Bahnlinie. Die Wasserversorgung war an die Irlbacher Betriebswasserleitung der Staatsbahn angeschlossen, die gutes Lokspeisewasser lieferte. Zum Umsetzen von Langholz aus dem waldreichen Hinterland standen zwei große Portalkräne zur Verfügung.

Das Bahnhofsgebäude der Station Walhallastraße Lokal-Bahnhof

Die Überführung der Hauptbahn-Güterwagen besorgte die Rangierlokomotive der Station Walhallastraße bis zu dreimal am Tag, während für die Stückgutumladung die Lokalbahn ihrerseits ihre Wagen zum staatlichen Güterschuppen hinaufrangierte. Hier, auf Walhallastraße Lokal-Bahnhof, schlug das Herz des Güterzugdienstes.

Von dem gesamten Güterverkehr der Walhallabahn entfiel nur ein geringer Teil auf den internen Verkehr. Die Masse kam aus dem Staatsbahnnetz und ging umgekehrt dorthin. Von einer Gesamttonnage per 1912 von 73 021 t entfielen beispielsweise 66 688 t auf den Übergangsverkehr.

Die dort eingesetzte Lokomotive bediente die Ziegelei in Kareth, die Güterbahnhöfe in Steinweg und Reinhausen sowie die Fabrikanschlüsse bis Reinhausen, und wenn es sein mußte, fuhr man damit bei überschweren Güterzügen auch Vorspann Richtung Wörth a. D.

Der Lokal-Bahnhof war gleichzeitig auch Personenhaltestelle und diente hierbei in erster Linie dem Berufsverkehr zu den Kalkwerken und zum Imprägnierwerk Himmelsbach.

Gebrannte Steine und Kohlen der Ziegelei Zinstag liefen zunächst noch über den nordwestlichen Umladeplatz, der 1905 aufgelassen wurde.

In den ersten Jahren wurden die Güterwagen zwischen Walhallastraße und Wörth a. D. mit den Personenzügen befördert. Erst ab 1906 sorgte ein Güterzug für einigermaßen artreinen Zugverkehr auf der Strecke.

Hohe Kosten entstanden durch das Umladen der Güter, besonders in der Zeit vor der Aufnahme des Rollbockverkehrs. Eine bis zu 10 Kräfte starke Umladekolonne war damit unter harten Arbeitsbedingungen beschäftigt. Außer der Krananlage und primitiven Fördergeräten gab es keine Hilfsmittel. Von einem mechanisierten Ladedienst konnte keine Rede sein. Das Umladepersonal war froh, als es wenigstens eine Unterstandshütte bekam.

Für den ab 1. Mai 1911 nach Reinhausen aufgenommenen und 1912 bis Wörth a. D. ausgedehnten Rollbockverkehr war der Lokal-Bahnhof mit der Umspuranlage der betriebliche Mittelpunkt.

Umbau, Erweiterung und Vorkommnisse

Der Spurplan mußte wiederholt den geänderten Verkehrsverhältnissen angepaßt werden. Die erste Erweiterung erfolgte 1905 mit der Auflassung der Umladestelle im Staatsbahnhof. Die Umladung der Zinstag-Frachten im Lokal-Bahnhof machte nun ein Umladegleis für Ziegel und Kohlen sowie ein Hinterstellungsgleis, alles in Schmalspur, notwendig. Als nächste Umbaumaßnahme ist eine 1909 vorgenommene Spurplanerweiterung zur Vergrößerung der Abstellkapazität und zur Erleichterung des Umladedienstes zu nennen.

Der Rollbockverkehr machte einen abermaligen Umbau mit dem Einsetzen der Rollbockgrube und diversen Gleisänderungen nötig, bis endlich der optimale Spurplan für die komplizierten Rangierabläufe gefunden war. Seinen letzten größeren Umbau während der Privatbahnzeit erfuhr der Bahnhof 1924, als Maßnahmen zur Bewältigung der von Sulzbach a. D. kommenden Flußspattransporte getroffen werden mußten.

Der Bahnhofsumbau im Zusammenhang mit der Herstellung des Gleisanschlusses für die Süddeutsche Holzverzuckerung in Schwabelweis fiel bereits in die Übergangszeit der Verstaatlichung der Bahn.

Im Laufe der Jahrzehnte hatte in Walhallastraße eine beachtliche Industrieansiedlung stattgefunden, wohl nicht zuletzt durch die Vorteile der nahen Eisenbahn, die einen problemlosen und sicheren Transport ermöglichte. Auch die Walhallabahn war in der Mehrzahl der Unternehmen durch Industriegleise vertreten.

In den dreißiger Jahren wurde die Betriebsverwaltung von Donaustauf zum Lokal-Bahnhof verlegt. Manches noch ließe sich vom Lokalbahndienst in Walhallastraße berichten, wie z. B. über das Mißgeschick eines schneidigen Lokomotivführers, der beim Waggonumsetzen mit soviel Schwung in die Rollbockgrube hineinfuhr, daß links und rechts die Dampfzylinder abgerissen wurden und der Dampfbock schwerbeschädigt nach Donaustauf abgeschleppt werden mußte.

Von einem schaurigen Erlebnis erzählte mir Herr Johann Rösch. Eil- und Expreßgut wurden zwischen dem Staatsbahnhof und dem Lokal-Bahnhof mit Brückenwagen überführt. Bei stockdunkler, nebliger Nacht blieb der schwerbeladene Wagen auf einem Gleisübergang im Hauptgleis stecken. Schon hörte Johann Rösch den Nachtschnellzug herannahen. Mit letzter Kraft gelang es ihm, den Karren aus dem Gleis zu wuchten, als Sekunden später der Nachtexpreß hinwegdonnerte.

Lokomotivführer Josef Gomeier beim Abölen der Stangenlager seiner Maschine

49

Die Umladestation Walhallastraße Lokal-Bahnhof (um 1925).
Lokomotive 63 mit Rollbockzug; dahinter die Krananlage zum Langholzumladen

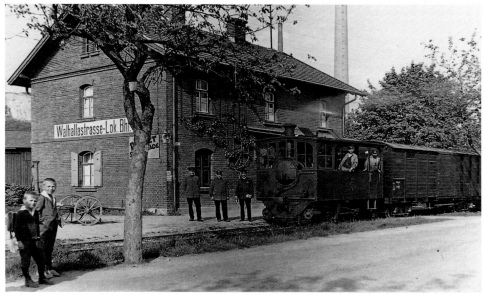

Lokomotive 2 mit Güterzug (1927)

Betriebszentrale und Schwerpunkt Personenverkehr

In Donaustauf hatte die Lokalbahn-Aktiengesellschaft die Einrichtungen etabliert, die zum Betrieb einer Eisenbahn unabdingbar sind. Dazu gehörten die Betriebsleitung, die Bahnwerkstätte für das rollende Material, die Behandlungs- und Versorgungsanlagen für den Lokomotivdienst und den Wagendienst sowie die Bahnmeisterei. Das Personal der Walhallabahn wohnte überwiegend in Donaustauf.

Durch die Anpassung des Betriebsapparates an die steigenden Verkehrsanforderungen gab es im Bereich der Zusatzanlagen des Bahnhofs zahlreiche bauliche Veränderungen. Der Kernbereich des Bahnhofs mit seinen drei Zuggleisen blieb jedoch von der Bahneröffnung bis zur Stillegung fast unverändert.

In Donaustauf dominierte der Personenverkehr. An Sonn- und Feiertagen während der Hauptsaison befanden sich bis zu fünf Zuggarnituren im Einsatz. Lokomotiven und Fahrpersonal standen in vollem Betriebseinsatz. Es wurde gefahren, was das Zeug hielt. Unter der Woche hatte die Betriebsleitung das Problem mit der Abstellung der vielen Personenwagen. So war nach Sonn- und Feiertagen eine Leerwagenabfuhr nach Wörth a. D. zur Entlastung des beengten Bahnhofs notwendig.

Anpassung der Betriebsanlagen

Das Heizhaus und die Wagenremise platzten bald aus allen Nähten. Als erste Er-

weiterungsmaßnahme ist die Vergrößerung der Wagenremise 1890 zu nennen. Mit der Einführung des Güterverkehrs kam ein Güterschuppen hinzu. Nach der Betriebserweiterung nach Kareth und Wörth a. D. reichten bei dem stark vermehrten Fahrzeugpark die örtlichen Anlagen kaum noch aus. Als mit dem weiter aufblühenden Verkehr immer neue Fahrzeuge hinzukamen, wurde eine grundlegende Infrastrukturverbesserung zum dringenden Bedürfnis.

Eine 1909 errichtete Wagenhalle brachte Verbesserungen in der Wageninstandhaltung. Wegen des zu klein gewordenen Lokschuppens mußten Lokomotiven im Winter im Freien abgestellt werden. Bei strengem Frost kam es zum Einfrieren der Maschinen, bis 1911 das Heizhaus verlängert wurde. Zu nennen ist aus dieser Zeit auch die Umstellung der alten Petroleum- bzw. Spiritusbeleuchtung auf Azetylen mit einer eigenen Azetylenerzeugungsanlage.

Auch die auf der Seite zum Burgberg hin gelegenen Anlagen für den Güterverkehrsdienst, mit Freiladegleis und Güterhalle, entsprachen längst nicht mehr den Verkehrsbedürfnissen und führten zu massiven Kundenbeschwerden. Die Transferierung der Güterhalle auf die andere Bahnhofsseite brachte eine Trennung von Ladungs- und Stückgutverkehr.

1912 erreichte der Wagenbestand sein Maximum. An den hinzugekommenen Rollböcken gab es viele Reparaturen. Eine großzügige Erweiterung der Anlagen für den Maschinendienst und den Ladungsverkehr verzögerte sich durch den Ausbruch des I. Weltkrieges. Trotz aller kriegsbedingten Schwierigkeiten gelang es, die Lokwasserversorgung durch Errichtung eines Wasserturms zu verbessern.

Großzügige Erweiterungsmaßnahmen nach dem Krieg

Die durch den Krieg unterbrochenen Planungen mußten nun mit Nachdruck wieder aufgenommen werden. Durch größere Abholzungen in den fürstlichen Waldungen expandierte der Holzversand. Viele Holzauflieferer mußten wegen der unzureichenden Umschlaganlagen zurückgewiesen werden. Lokomotiven und Wagen waren durch Fahren auf Verschleiß während des Krieges stark heruntergekommen. Bei dem großen Nachholbedarf in der Fahrzeugausbesserung und der intensiven Beanspruchung der Betriebsmittel konnte der Bau einer neuen Fahrzeugwerkstätte nicht länger aufgeschoben werden. Bei der nahen Bebauung des Marktes kam

eine Erweiterung nur auf der Westseite in Betracht. Der dort errichtete Lagerplatz mit Ladegleis genügte für die Zukunft. Die so dringend benötigte Reparaturwerkstätte wurde 1924/25 nördlich davon erbaut. Auf den beiden Hallengleisen konnten drei Fahrzeuge zur Revision oder Ausbesserung aufgestellt werden. In einem Anbau befanden sich das Werkmeisterbüro, das Magazin sowie Sozialräume und im Stockwerk darüber eine Dienstwohnung.

Zur Werkstattausrüstung gehörten eine Räderdrehbank zum Profilieren der Radkränze sowie zum Abdrehen und Prägepolieren der Achsschenkel, eine Achssenke, Hebeböcke und die üblichen Werkzeugmaschinen. Aus der Lehrlingsausbildung in dieser Werkstätte ging der Nachwuchs für den Lokfahrdienst hervor.

Sorgenvoll beobachteten die Bahnverantwortlichen das beinahe alljährliche Hochwasser. Oft genug stand der ganze Bahnhof unter Wasser. Dann blieb nichts anderes übrig, als den Zugbetrieb einzustellen.

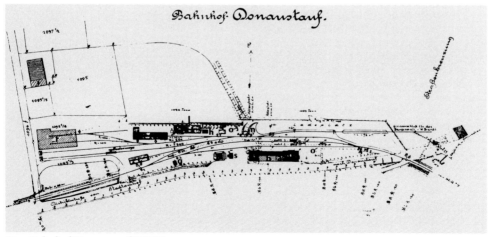

Der Bahnhof Donaustauf (1925)

Werkstättenbetrieb in Donaustauf (1913). Links Lokomotive 39, rechts Lokomotive 62, ganz rechts Betriebsleiter Oberhauser mit Werkstättenleiter Gomeier

Der Bahnhof Donaustauf im Hochwasser (1940). Stückgutabfuhr auch unter widrigen Umständen. Der „Hamperer" des Fuhrwerks labt sich am Donauwasser

Gruppenaufnahme im Bahnhof Donaustauf in der Zeit um den I. Weltkrieg. Von rechts Bahnmeister Schuierer, der Stationsvorsteher von Donaustauf, Lokomotivführer Josef Gomeier und, auf die Heizerschaufel gestützt, Lokomotivführer Eduard Pfaffenzeller

Zugkreuzung in Donaustauf (um 1957). Der Abdampf beider Lokomotiven stammt vom Luftsauginjektor der Saugluftbremse

Holzabfuhr, ursprünglicher Hauptzweck des Bahnhofs

Die ursprüngliche Hauptbestimmung dieses am Fuße des Scheuchenbergs gelegenen Bahnhofs lag zunächst im Holzversand. Bei den ausgedehnten Waldungen des Fürstlichen Thiergartens und anderer großer Forstbezirke war die Bahnstation an der Ausmündung der im Otterbachtal verlaufenden Abfuhrstraße für einen massenhaften Holzumschlag geradezu prädestiniert.

Die Station hatte aber auch im Personenverkehr Bedeutung. Für Wanderungen in das liebliche Otterbachtal und in den Fürstlichen Thiergarten, ein von Hoch- und Schwarzwild stark bevölkerter, prächtiger Wald, war der Bahnhof Sulzbach a. D. für die erholungsuchenden Menschen aus der Stadt der ideale Ausgangspunkt. In den Hungerjahren der Kriegs- und Nachkriegszeit benützten die Städter die Bahn bis Sulzbach a. D., um in den ausgedehnten Wäldern Beeren und Pilze zu sammeln.

In Sulzbach a. D. kam auch das in den fürstlichen Jagdrevieren erlegte Wild auf die Bahn zum Versand an die Regensburger Wildbrethändler.

Der Spurplan bestand anfangs neben dem durchgehenden Hauptgleis aus einem Ausweichgleis für Zugkreuzungen und einem langen, beidseitig angebundenen Ladegleis mit Lagerplätzen. Der Holzverkehr wuchs beständig und konnte bald mit der vorhandenen Infrastruktur nicht mehr bewältigt werden. Eine Überfüllung der Lagerplätze mit Lang-, Schleif- und Brennholz

war an der Tagesordnung. Nach dem I. Weltkrieg führte die Bahn eine Stationserweiterung in westlicher Richtung mit einer Verlängerung des Ladegleises und der Anordnung eines weiteren Holzlagerplatzes durch.

Durch Flußspat, die Nummer eins im Versand

Ein anderes Transportgut gewann in Sulzbach a. D. zunehmend an Bedeutung. Nördlich des Ortes zog sich von Donaustauf bis Bach a. D. ein Flußspatrevier hin, mit dessen Ausbeutung im I. Weltkrieg massiv begonnen wurde. Flußspat dient als Flußmittel bei Schmelzvorgängen in der metallurgischen Verhüttung. Die Nachfrage nach diesem Mineral stieg ständig. Täglich rollten viele Fuhrwerksladungen von den Flußspatgruben zum Bahnhof.

Durch Erschließung eines weiteren beträchtlichen Flußspatlagers im Gemeindebezirk von Sulzbach a. D. und im Thurn- und Taxisschen Forstbezirk nahm die Zufuhr dieses Gesteins bis 1924 ein Ausmaß an, das der Bahnhof nicht mehr verkraften konnte. Abermals stand eine größere Stationserweiterung an.

Das Bergbau- und Mineralmahlwerk Theodor Burger in Nürnberg-Mögeldorf und die Firma Heinrich Weber in Nürnberg, beide selbst im Flußspatabbau tätig, beabsichtigten am Bahnhof Schütt- und Mahlwerksanlagen mit eigenen Gleisanschlüssen zu errichten. Zunächst kam 1924 das bei km 10,81 abzweigende Industriegleis für die Schütt- und Mahlwerksanlage des Theodor Burger zur Ausführung. Anschließend erfolgte der Gleisumbau des Bahnhofs. Die Weichen stammten vom Güterbahnhof in Steinweg. Die von Heinrich Weber geplanten Anlagen blieben unausgeführt.

Der langgestreckte, im Blickfeld zur Walhalla gelegene Trakt der Flußspataufbereitungsanlage beherrschte nun das Bahnhofsbild. Der Rollbockverkehr war die Voraussetzung für eine leistungsfähige Abfuhr dieses Massengutes. Der Regelgüterzug schaffte die Abbeförderung oft nicht, so daß viele Bedarfszüge gefahren werden mußten. Nun war der Bahnhof die Nummer eins im Versandaufkommen. 1933, ein

verkehrsschwaches Jahr, belief sich die Versandtonnage bei Holz auf 1500 t und bei Flußspat auf 5000 t, bei damals reglementiertem Flußspatexport. Sulzbach a. D. hatte 41% am gesamten Versandaufkommen.

Die schweren Flußspatzüge und die Schotterzüge von dem benachbarten Demling-Steinbruch machten eine Verstärkung des Gleisoberbaues zwischen Demling-Steinbruch und Walhallastraße mit stärkeren Schienen notwendig.

Der Bahnhof lebte vom Flußspattransport, der die Bahn auch noch in der Zeit des Auslaufbetriebes einigermaßen existenzfähig hielt. Mit der auslaufenden Flußspatbeförderung ging es auch mit der Bahn schnell zu Ende.

Ein meisterhafter Schnappschuß von Gottfried Turnwald nach einer Zugkreuzung in Sulzbach a. D. (um 1957). Links die Schütt- und Mahlwerksanlagen für Flußspat

Die Endstation Wörth a. D.

Funktion als Lokomotivbahnhof

Als Endbahnhof oblagen dem Bahnhof Wörth a. D. Aufgaben im Lokomotiv- und Wagendienst. Die Loks der dort endenden Züge mußten für ihre Rückleistung behandelt und aufgerüstet werden. In Wörth a. D. war eine Lok stationiert, die die Personenzüge zwischen Wörth a. D. und Stadtamhof bespannte. Von der Ankunft des Abendzuges bis zum Morgenzug stand diese Maschine in Wörth a. D. unter Ruhefeuer. Das Lokpersonal hatte diese Maschine und den Wagenzug betriebsfähig zu halten. Als Lokbahnhof hatte die Station die entsprechende Infrastruktur mit Lok- und Wagenremise sowie den Behandlungs- und Versorgungseinrichtungen. Wörth a. D. war unter der Woche auch Leerwagenabstellbahnhof für außer „Dienst" befindliche Personenwagen.

Die Zugvorbereitung für den Morgenzug oblag einem Bahnhofsarbeiter mit Dienstbeginn um 4.00 Uhr. Er mußte von den Petroleumlampen der Wagenbeleuchtung die Glaszylinder putzen und frisches Petroleum nachfüllen. Eine sorgfältige Behandlung der Petroleumlampen war für den Reisekomfort sehr wichtig, denn diese Leuchten waren in ihrer Funktion äußerst empfindlich. Schon bei geringen Fahrerschütterungen konnte es bei schlampiger Wartung zum Erlöschen der Lampen kommen. Als nächstes hatte er die Petroleumlampen zu zünden und die Waggonfenster und die Fahrgasträume zu reinigen. Jetzt wurde es auch Zeit, das Lokomotivpersonal im Wendezimmer des Bahnhofs zu wecken und die Lok zu bekohlen, was mit Körben geschah. Bevor der Bedienstete um 5.00 Uhr auf einen Sprung nach Hause ging, mußte er noch die Öfen in den Diensträumen anheizen. Dann um 7.30 Uhr hatte er seinen örtlichen Dienst fortzusetzen.

Bahnhofsspurplan und Verkehrsaufkommen

In der Spurplanstruktur haben sich in der über 60jährigen Betriebszeit nur wenig Änderungen ergeben. Das Streckengleis verzweigte sich in drei Bahnhofsgleise, deren Prellböcke bis fast an die Straße nach Oberachdorf heranreichten. Zur Vereinfachung des Rangierdienstes und der Zugaufstellung hatten diese Gleise in halber Länge Weichenverbindungen. Mit einem 168 m langen Holzverladegleis und einem großen Holzlagerplatz hatte die Bahn für einen lebhaften Holzversand, der sich auch prompt einstellte, bestens vorgesorgt. Täglich rollten die schweren Langholzfuhrwerke aus den Forstdistrikten zum Bahnhof. Ungünstige Zufahrtsverhältnisse erschwerten die Aufganterung des Langholzes. Die Fuhrknechte mußten dort nochmals das Letzte aus ihren Gespannen herausholen.

Neben dem Holzversand spielte die Abfertigung von Agrarprodukten eine wichtige Rolle. 1933 waren es 2 000 t Holz und 900 t Getreide. Auch der Viehversand ist zu erwähnen. Im Empfang dominierten Düngemittel und Kohlen, letztere vor allem für die Brauereien.

Schon früh hatte sich die landwirtschaftliche Genossenschaft mit einem Lagerhaus angesiedelt, das fast den gesamten Getreideankauf der Umgegend besorgte. Durch die landwirtschaftliche Strukturierung der Gegend gab es jedes Jahr einen ausgeprägten Herbstverkehr. Der Güterzug hatte dann eine beachtliche Länge mit interessanter Zugbildung. Die kleinen Maschinen mußten sich mächtig anstrengen, um die schweren Züge in Fahrt zu bringen. Der große Frachtanfall erforderte nicht selten die Einlegung von Bedarfszügen.

Die Personenzüge vermittelten ab Wörth a. D. hauptsächlich den Berufs- und Schülerverkehr sowie den Marktverkehr mit Viktualien und Kleinvieh. Eine Gaststätte „Zur Walhallabahn", wo auch das wendende Zugpersonal Brotzeit machte, gehörte in Wörth a. D. ebenso zum Walhallabahnambiente, wie dies in Stadtamhof, Steinweg und Reinhausen der Fall war.

Das schmucke Bahnhofsgebäude, wie auch die Bahnhofsgebäude in Donaustauf, Sulzbach a. D. und Bach a. D. im Obergeschoß in Fachwerkbauweise, bereicherte das Ortsbild. Üppig sich hochrankender Wein rundete den reizvollen Eindruck ab. Noch bei einer Exkursionsfahrt, die ich 1967, an einem wunderschönen Augusttag, unternahm, als das Schicksal der Bahn längst besiegelt war, präsentierte sich das Bahnhofsgebäude noch in idyllischem Schmuck.

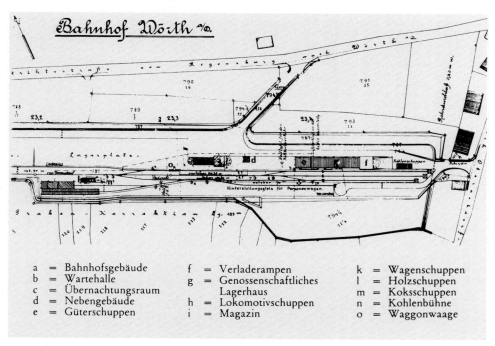

a = Bahnhofsgebäude
b = Wartehalle
c = Übernachtungsraum
d = Nebengebäude
e = Güterschuppen

f = Verladerampen
g = Genossenschaftliches Lagerhaus
h = Lokomotivschuppen
i = Magazin

k = Wagenschuppen
l = Holzschuppen
m = Koksschuppen
n = Kohlenbühne
o = Waggonwaage

Der Bahnhof Wörth a. D. (1917)

58

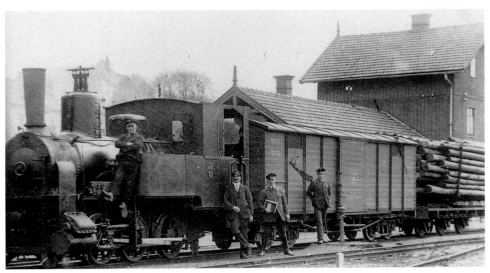

Güterzug in Wörth a. D. mit Lok 63 (um 1925)

Bahnmeisterrotte bei der Gleisreparatur in Wörth a. D. Das Einkrampen des Gleisschotters war Schwerstarbeit. „Hoch die Krampere", lautete das Kommando beim Gleiskrampen, wo früher bei größeren Gleiserneuerungen ein massenhafter Einsatz von Bahnarbeitern notwendig war

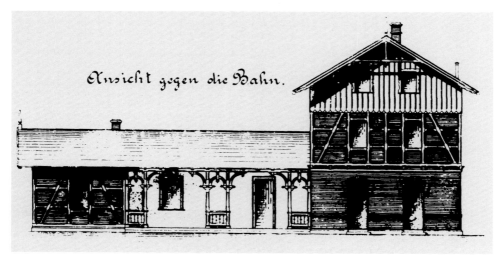

Das Bahnhofsgebäude in Wörth a. D.

Haltestelle an der Straßenkreuzung in Reinhausen bei der Spenglerei von Johann Beer. Von dort hatte der „Fahnerlbua" das Bockerl durch die Straßen zu geleiten

Die Haltestelle Steinweg

Die Haltestelle Steinweg befand sich in der Schwandorfer Straße zwischen Auerbräu und Einmündung der Lappersdorfer Straße. Beim Anhalten der Züge Richtung Stadtamhof stand die Lok fast beim Gasthof Weigl, in Gegenrichtung beim Büechl-Haus. Für den Zugbetrieb hatte diese Haltestelle Nachteile, da die Anfahrt in die Brückensteigung fast aus dem Stand erfolgen mußte. Als die Haltestelle 1918 wegen großer Kohlennot eingestellt werden mußte, löste sich das Problem von selbst.

Die Haltestelle Reinhausen

In Reinhausen hielten die Personenzüge in der Donaustaufer Straße beim Spengler Beer. Dort nahm der sogenannte „Fahnerlbua" die Züge Richtung Stadtamhof in Empfang, um sie sicher durch die engen Straßen zu geleiten. Für die gleich nebenan gelegene Poststelle beförderten die Personenzüge die Postsendungen. Den Halt in Reinhausen nutzte das Zugpersonal, für Bürger in Donaustauf, wo es keine Apotheke gab, bei der an der Haltestelle gelegenen Apotheke Salfner notwendige Arzneien zu besorgen. Bei der Hinfahrt wurden die Rezepte abgegeben, und zwischenzeitlich die Rezepturen zubereitet, so daß bei der Rückfahrt von Stadtamhof die Medikamente bereits in Empfang genommen werden konnten.
Bei der Haltestelle passierten auch schwere Unfälle. Im Dezember 1917 kam eine Hafnergehilfensfrau ums Leben, als sie auf den anfahrenden Personenzug 104 aufsprang, stürzte und unter den Zug geriet. Der sofort herbeigeholte Bahnarzt Dr. Aschenauer konnte keine Hilfe mehr leisten. Sofort kamen der Platzmeister vom Güterbahnhof Reinhausen und ein Bahnaufseher herbei und brachten die Verunglückte in die Sakristei der Pfarrkirche von Reinhausen zur Erteilung der Sterbesakramente.

Die Haltestelle Weichs

Die Haltestelle Weichs lag an der Einmündung der Straße von Weichs und eines Weges von Harthof in die Donaustaufer Straße. Das angrenzende Terrain gehörte zur Gemarkung Reinhausen. Ein Ausweichgleis für Zugkreuzungen war bereits 1912 wieder ausgebaut. Die Verkehrsstelle diente dem Personenverkehr der Bewohner des durch seinen vorzüglichen Rettich bekannten Uferdorfes Weichs und dem Berufsverkehr der in den benachbarten Fabriken beschäftigten Arbeiter. Während der Rettichsaison wurden große Mengen des im Schwemmland am Donauufer prächtig gedeihenden „Weichser Rettichs" zur Beförderung aufgegeben.

Die Haltestellen Schwabelweis und Tegernheim

Auch Schwabelweis hatte ursprünglich ein Kreuzungsgleis. Die Haltestelle befand sich bei der Gaststätte Niebauer. In den zwanziger und dreißiger Jahren entfernte sich die Wohnbebauung mehr und mehr von der Haltestelle weg. 1938 beantragten deswegen und auch wegen des in Schwabelweis entstehenden Werkes der Süddeutschen Holzverzuckerung viele Bürger vergeblich eine Verlegung der Haltestelle.

Die Haltestelle Tegernheim war dort, wo sich früher eine Tafern-Wirtschaft befunden hatte. Die Fahrt des Bockerls durch Tegernheim hatte seine Tücken, denn sie verlief zwischen der Bezirksstraße und zahlreichen Anwesen auf der anderen Seite mit einer Vielzahl von Hauszugängen, Hofeinfahrten und anderen Bahnüberwegen mit unübersichtlichen Verhältnissen. Neben einer Geschwindigkeitsermäßigung auf 10 km/h hatte der Lokführer dort Pfeif- und Läutesignale zu geben. Bei Tegernheim gab es später noch die Haltestelle Stauferfeld, die im Zusammenhang mit dem Holzverzuckerungswerk stand.

Die Haltestelle Walhalla

Mit der Verlängerung nach Wörth a. D. konnten endlich die Walhallabesucher durch die Errichtung einer Haltestelle am Ortsrand von Donaustauf näher an das Nationaldenkmal herangebracht werden. Dort endeten auch Sonderzüge zur Walhalla. Ein Ausweichgleis diente dem Umsetzen der Zuglok. Die Haltestelle mit einer schmucken Wartehalle, ausgestattet mit einem kleinen Expeditionsraum, lag gar idyllisch im Schloßpark. Zeitweise wurde dort Schotter aus einem nahen Schotterwerk auf die Bahn verladen.

Die Station Demling-Steinbruch und die Haltestelle Demling

Bald nach der Inbetriebnahme der Bahn nach Wörth a. D. errichtete die Lokal-

Das Bahnhofsgebäude in Bach a. D. bzw. Sulzbach a. D.

bahn-Aktiengesellschaft bei den unmittelbar an der Strecke gelegenen Granitsteinbrüchen eine Haltestelle mit einem Nebengleis und übergab sie im Oktober 1903 dem öffentlichen Verkehr. Damit hatten die Steinbrucharbeiter eine günstige Verkehrsverbindung und die Steinbruchbesitzer die Möglichkeit, Bruchsteine und Schotter auf die Bahn zu verladen. 1912 waren es z. B. 957 t. Die Demlinger Steinbruchunternehmer waren gute Frachtkunden der Walhallabahn.

Die Haltestelle für den Ort Demling lag 1,5 km weiter donauabwärts direkt bei Neudemling, während das Uferdorf Demling fast einen Kilometer entfernt lag.

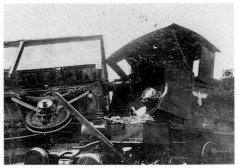

Schwerer Zusammenstoß in Bach a. D. (um 1930). Der Reichsbahn-Güterwagen Wuppertal K 892 hat sich in den Führerstand gebohrt

Der Bahnhof Bach a. D.

Die Station mit einem Kreuzungsgleis, einem langen Verladegleis und einem großen Holzlagerplatz war anfangs sowohl von den Gleisanlagen als auch von den Hochbauten mit der Station Sulzbach a. D. identisch. In Bach a. D. kam viel Holz auf die Bahn, z. B. 1933 500 t. Zu erwähnen sind noch die Ansiedelung der Firma Gebr. Löwenthal mit einem Lagerhaus und ein spektakulärer Bahnunfall während der Reichsbahnzeit. Der Güterzug nach Wörth a. D. hatte Durchfahrt in Bach a. D. Irrtümlich stand die Einfahrweiche auf Ablenkung in das mit Güterwagen belegte Nebengleis. Als das Lokpersonal die falsche Weichenstellung erkannte, war es bereits zu spät. Der Güterzug krachte mit der Lok 99 251 auf einen Güterwagen, der sich in den Führerstand bohrte. Führer und Heizer konnten noch rechtzeitig abspringen. Nach dieser Havarie fiel die 99 251 für lange Zeit aus.

Die Haltestellen Frengkofen und Kruckenberg

Frengkofen und Kruckenberg hatten nur einfache Haltestellen mit einem einfachen Perron ohne Unterstandshütte. Die Bürger von Frengkofen hatten einen weiten Weg zur Haltestelle. Aus ihrer Forderung nach einer Schutzhütte wurde nichts. Die Fischer von Frengkofen, einem Uferdorf mit alter Fischertradition, ließen ihre Fische mit den Personenzügen nach Stadtamhof befördern. Dort warteten die Fischhändler bereits und nahmen die Fischwannen in Empfang.

Die Station Wiesent

Größere Bedeutung hatte dagegen die Station Wiesent mit einem langen Ladegleis, einem kleinen Bahnhofsgebäude, einem Güterschuppen und einer Viehverladerampe sowie einem großen Holzlagerplatz. Der Holztransport belief sich 1933 auf 900 t. Auch Vieh kam dort viel zur Verladung. Später siedelte sich ein genossenschaftliches Lagerhaus an.

Industriegleise sind vergleichbar mit den Nebenflüssen eines Stroms. Sie sind die Hauptquellen für den Güterwagenstrom.

An der Walhallabahn haben sich im Laufe der Jahre viele Industrieunternehmen, Gewerbetreibende und Lagerungsbetriebe angesiedelt. Bei der Standortwahl spielten die Verkehrsmöglichkeiten, die die Schmalspurbahn bot, eine wichtige Rolle. Die Entwicklung wird in der Richtung der Kilometrierung betrachtet.

Der Kohlenhändler **Max Krempel** ließ 1906 seine Holz- und Kohlenhandlung an den Güterbahnhof in Steinweg anschließen. Dadurch wurde der kleine Güterbahnhof entlastet. Die Anschlußbedienung übernahm die von Walhallastraße mit dem Güterzug kommende Lok. Das Gleis führte nicht ganz bis an den Lagerschuppen heran. Dies war weiters kein Problem, denn die Wagen wurden einfach auf dem Pflaster weitergeschoben. Das war der Lokalbahnbetrieb, einfach und unkompliziert.

Dem Gütergleis zur **Dampfziegelei Zinstag** ist ein besonderes Kapitel gewidmet. Die Mehrzahl der Industriegleise zweigte im Streckenabschnitt Reinhausen – Walhallastraße ab. Dort gab es durch die Nähe des Staatsbahnhofs und die Walhallabahn eine günstige Infrastruktur für Betriebsansiedelungen.

Der **Konsumverein Regensburg** erbaute 1912 in der Steuergemeinde Reinhausen an der Donaustaufer Straße eine Niederlassung, bestehend aus einem Wohngebäude, einer Dampfbäckerei mit Mehllager, einem Brennmaterialschuppen und einer Stallung. Das Anschlußgleis zweigte bei km 1,98 ab.

Gleich nebenan hatte die **Alteisenhandlung von Rudolf Weiner** in Steinweg bereits 1909 ihren Lagerplatz durch ein bei km 2,015 abzweigendes Gleis mit dem Bahnnetz verbinden lassen. Später etablierte sich dort die **Firma Gebr. Wolff** mit einer Sortieranstalt. Mit der Vergrößerung ihres Lagerhauses ließ die Firma die Anschlußanlage erweitern. Nachfolgefirma war der **Sortierbetrieb Schönfeld KG**. Nur 100 m weiter, bei km 2,15, mündete das 1953 angelegte Industriegleis der Firma **Stahl- und Maschinenbau Kaiser** ein. Die **Firma Josef Mitterer & Söhne in Straubing** ließ sich nach dem I. Weltkrieg in der Gemeinde Reinhausen, gleich nach der Haltestelle Weichs, nieder. Als Fabrikhalle diente eine frühere Flugzeughalle,

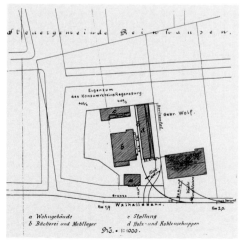

Anlagen des Konsumvereins Regensburg mit Anschlußgleis

die 1920 durch ein Anschlußgleis bei km 2,51 mit der Walhallabahn in Verbindung gesetzt wurde.

Die **Feinlederwerke Stella in Marktredwitz** erwarben die gegenüber der Imprägnieranstalt Himmelsbach gelegene **Kalksandsteinfabrik des Max Kiendl** mit der Absicht, dort einen Fabrikationsbetrieb für Lederbearbeitung einzurichten. Max Kiendl hatte sich bereits 1909 mit einem Anschluß seines Werkes befaßt. Für die Lederfabrik war der Gleisanschluß nun unabdingbar. Dieser Gleisanschluß war in seinem Betrieb problematischer, da die vielbefahrene Distriktsstraße überquert werden mußte. Später ging die Fabrik in den Besitz der **Firma Gebr. Günther** über.

Bei der Station Walhallastraße hatte sich um die Jahrhundertwende die Firma **Gebr. Himmelsbach in Freiburg i. Breisgau** mit einer großen Imprägnieranstalt niedergelassen. Das Werk produzierte Eisenbahnschwellen, Telegraphenmasten etc. Im Werk gab es ausgedehnte normalspurige, an den Bahnhof Walhallastraße angeschlossene Gleisanlagen. Mit dem Weiterbau der Walhallabahn nach Wörth a. D. wurde infolge Aufschließung großer Forstgebiete für das Imprägnierwerk auch ein schmalspuriger Gleisanschluß interessant. Auf eine direkte Holzzufuhr aus diesem waldreichen Gebiet wollte das Unternehmen nicht verzichten. So ging bereits 1903 die schmalspurige Gleisanschlußanlage in Betrieb, die 1923 den geänderten Verhältnissen anzupassen war. Nachfolgeunternehmen waren die Firma **Impreva vorm. Gebr. Himmelsbach** und die **Firma Richtberg**.

Die Anschlüsse zwischen Reinhausen und Walhallastraße konnten nur aus östlicher Richtung bedient werden. Die Bedienung erfolgte entweder direkt vom Lokal-Bahnhof Walhallastraße aus in geschobener Rangierabteilung, oder die Güterfahrten nach Reinhausen und Steinweg nahmen die Wagen mit und stellten sie bei der Rückfahrt bei. Der Rangierablauf gestaltete sich in jedem Fall kompliziert. Zuerst mußten die Wagen im Anschluß abgezogen und auf das Hauptgleis gestellt werden, bevor beigestellt werden konnte.

Der normalspurige Anschluß der **Süddeutschen Holzverzuckerung bei Schwabelweis** an den Bahnhof Walhallastraße 1939 über die Schmalspurtrasse, wodurch ein Dreischienengleis entstand, gilt als Sonderfall.

Im Bahnhof Donaustauf wurde das **Sägewerk Brandl** über ein Anschlußgleis bedient. Am Südausgang von Donaustauf, an der Barbinger Distriktsstraße, unmittelbar neben der Walhallabahn, errichtete die **Landwirtschaftliche Zentralgenossenschaft des bayerischen Bauernverbandes** 1922/23 ein Lagerhaus. Obwohl die Lage des Lagerhauses, unmittelbar an einer Straßenkreuzung, für die Bedienung nicht einfach war, stellte die Bahn das bei km 9,01 abzweigende Anschlußgleis im Interesse eines Verkehrszuwachses her. Das 65 m lange Gleis kostete 924 459 M, man schrieb das Inflationsjahr 1923.

Über das Industriegleis beim Bahnhof Sulzbach a. D. für das **Bergbau- und Mineralmahlwerk Burger**, später **Rheinische Flußspat- und Schwerspatwerke GmbH**, enthält das Kapitel über den Bahnhof Sulzbach a. D. nähere Ausführungen. Ganz am Ende der Bahnlinie befand sich das 1922 erbaute Anschlußgleis für das **Maschinenlagerhaus von Franz-Xaver Steger aus Pfatter**.

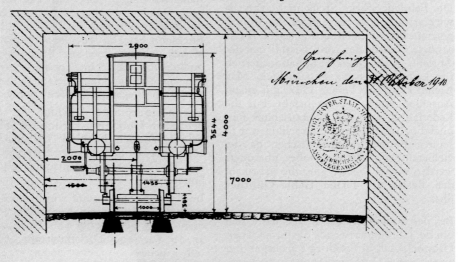

Längenschnitt.

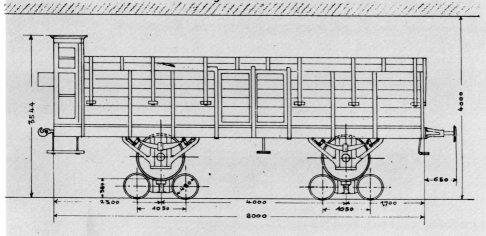

Kohlenwaggon mit Bremshäuschen auf Rollböcken. Die Durchfahrtshöhe in der Bahnunterführung reichte gerade aus

Spurunterschied und Problemlösung

Der Spurunterschied zur Staatsbahn wirkte sich im Güterverkehr nachteilig aus. Bei der Masse der Wagenladungen handelte es sich um Übergangsverkehr. Der interne Verkehr auf der Schmalspurbahn war nur bescheiden. Das Umladen der Transportgüter kostete Zeit und Geld. Hier konnte nur der Rollbockverkehr Abhilfe schaffen. Den Anstoß zur Einführung des Rollbockverkehrs gaben Kohlenhändler in Reinhausen.

Nachdem sich dieses Transportsystem auf der gesellschaftseigenen Stadtgüterbahn in Forst bewährt hatte und auch die K. B. Staatseisenbahnen auf der meterspurigen Lokalbahn Eichstätt Bahnhof – Kipfenberg den Rollbockverkehr anwandten, trat die Lokalbahn-Aktiengesellschaft der Einführung dieses Systems zwischen ihrem Lokal-Bahnhof Walhallastraße und Reinhausen näher. Die Realisierbarkeit hing davon ab, ob sich das erforderliche Lichtraumprofil herstellen ließe. Die Bahnunterführung in Walhallastraße hatte eine lichte Höhe von nur 4 m. Dies reichte gerade für offene Wagen, wie sie im Kohlenverkehr verwendet wurden. Andere Engstellen gab es nicht. Die Realisierbarkeit stand damit fest, nachdem nach Reinhausen der Kohlenverkehr dominierte.

In der Unterführung wurde das Gleis um einen halben Meter verrückt. Durch eine Gleisverschiebung auf der freien Strecke ließ sich das Fällen von Alleebäumen neben der Bahn auf ein Minimum beschränken. Kernstück des neuen Transportsystems war die Umspuranlage im Lokal-Bahnhof mit der Rollbockgrube.

Der am 1. Mai 1911 nach Reinhausen aufgenommene Rollbockverkehr erwies sich sogleich als Volltreffer. Die Vorteile sprachen sich schnell herum. Die Ausdehnung des Rollbockverkehrs 1912 bis Wörth a. D. war eine zwangsläufige Folge. Ein akuter Mangel an Schmalspurgüterwagen war für die Bahngesellschaft der Hauptgrund für die rasche Erweiterung. Einer Ausdehnung bis zum Güterbahnhof in Steinweg oder gar bis nach Kareth standen die zu schwache Regenbrücke und die beengten Verhältnisse auf den Vorortsstraßen als unüberwindliche Hindernisse im Weg.

Die Benützung der Staatsbahnwaggons auf der Walhallabahn regelte ein Vertrag mit den K. B. Staatseisenbahnen. Die Wagengestellung vermittelte der Bahnhof Walhallastraße. Wagenbedarf und -bestand meldete der Wagendienst der Walhallabahn an diesen Bahnhof, von dem auch die Leerwagenverfügungen ergingen.

Schwerstarbeit und kritische Fahrdynamik

Für den Rollbockbetrieb gab es eine Spezialinstruktion. Die Kupplung von Fahrzeug zu Fahrzeug erfolgte mittels schwerer Kuppelstangen. Sobald beim Umspuren eine Wagenachse über das am offenen Grubenende stehenden Rollbock ankam, wurde durch Hochstellen der Rollbockgabeln die Wagenachse auf dem Rollbock festgelegt. An einem Gleisknick senkte sich der Wagenradsatz auf den Drehschemel des Rollbocks ab. Zum Schluß wurden die Wagenachsen in den Gabeln verkeilt.

1967, als der Rollbockverkehr noch in vollem Gange war, konnte ich das Umspuren noch beobachten und mir einen Eindruck von dieser schweren Arbeit verschaffen.

Auf der Teilstrecke nach Reinhausen durften wegen der Lichtraumeinschränkung in der Unterführung gedeckte Wagen mit Bremshäusern, Viehwagen und Kesselwagen nicht befördert werden. Nach Wörth a. D. galten noch weitergehendere Restriktionen. Staatsbahnwagen durften dort nur für schwierig umzuladende Güter, wie Kalkstaub, Baumrinde, Heu und Kleineisen, sowie bei Schmalspurwagenmangel verwendet werden.

Die Übertragung der Längskräfte im Zug über die Steifkupplungen erfolgte im Gegensatz zum normalen Zugbetrieb ungefedert. Die Rollböcke hatten auch keine Bremsen. Im Interesse eines einigermaßen sicheren Zuglaufs waren deshalb spezielle Zugbildungs- und Bremsvorschriften zu beachten. Auf Rollböcke gesetzte Wagen durften auch in Personenzüge eingestellt werden, aber nur am Zugschluß und nur ein Wagen. Die Höchstgeschwindigkeit, ursprünglich 25 km/h, mußte wegen der schwierigen Fahrdynamik später auf 15 km/h reduziert werden. Schwere Unfälle hatten dazu gezwungen. Aber auch nach dieser Vorsichtsmaßnahme gab es noch viele Rollbockentgleisungen.

Der Rollbockverkehr dominierte im Wagenladungsverkehr. Im Herbst befanden sich sämtliche Rollböcke im Einsatz und trotzdem gab es noch Abfuhrrückstände im Lokal-Bahnhof.

Ein Güterzug mit beachtlicher Länge läßt eben Donaustauf hinter sich. Der Größenunterschied zwischen Schmalspurwaggon und Normalspurwaggon ist deutlich sichtbar

Drei Schwachstellen machten die Bahnbrücke über den Regen zum kritischen Punkt der Bahnstrecke.

Entgleisungsrisiko und Absturzgefahr
Übertriebene Befürchtungen

Die Straßenfahrbahn der Regenbrücke hatte eine Breite von nur 4,95 m. Eine Verlegung des Bahngleises auf der Straßenbrücke schied bei dem lebhaften Fuhrwerksverkehr deshalb von vornherein aus. Auch hätte die hölzerne Tragkonstruktion den Belastungen eines Eisenbahnzuges nicht standgehalten. Erst ab 1892 erhielt die Straßenbrücke Eisenträger als Tragwerk. Eine eigene Bahnbrücke kam aus Kostengründen nicht in Frage. So hatte man zur einzig möglichen Alternative gegriffen und die Bahn auf einer auf den Pfeilköpfen der Straßenbrücke ruhenden Brückenkonstruktion über den Regen geführt.

Straßen- und Bahnverkehr waren dadurch getrennt. Das Bahngleis erhielt aber auf diese Weise eine exponierte Lage. Für den Fall schwerer Entgleisungen fehlte ein seitlicher Schutzraum als Sicherheitszone gegen ein Hinabstürzen von Fahrzeugen oder gar des ganzen Zuges. Schon bald wurde die Öffentlichkeit auf dieses Gefahrenmoment aufmerksam, und die Presse tat ein übriges dazu. Als am 24. Juni 1889 die erste Entgleisung passierte – vor Donaustauf sprangen zwei Wagen aus dem Gleis – stellte sich im Publikum wohl erstmals die Frage, welche Folgen eine Entgleisung auf der Regenbrücke haben könnte.

Das Gleis in den Brückenauffahrten lag zudem in für die Laufsicherheit ungünstigen Gegenkurven mit kleinen Radien.

Ab und zu kamen Entgleisungen auf der Regenbrücke vor, zu der befürchteten und lange prophezeiten Katastrophe ist es aber glücklicherweise nie gekommen. Besonders im Krisenjahr der Walhallabahn, 1906, als die Bahnverwaltung vordergründig wegen verschiedener Vorkommnisse von der Presse und den Magistraten massiv ins Kreuzfeuer genommen wurde, richtete sich das Hauptaugenmerk auf die Regenbrücke. Als es dann zu allem Übel in dieser kritischen Zeit, am 16. Juli 1906, auf der Regenbrücke zu einer spektakulären Entgleisung kam, war dies Wasser auf die Mühlen der Agitatoren.

Von dem um 14.00 Uhr in Stadtamhof abgefahrenen Personenzug entgleiste der vorletzte Wagen, ein erst neu angeschaffter Güterwagen. Das Zugpersonal bemerkte den Vorfall erst auf Zuruf des Publikums. Der Zufall wollte es, daß sich auch der Herr Bezirksamtmann des Bezirksamtes Stadtamhof im Zug befand. Der ausgesprungene Wagen hoppelte über die halbe Regenbrücke und zerstörte das Brückengeländer. Zum Glück sprang das Bockerl zur Straßenbrücke hin aus. Vielleicht hat der auf der anderen Brückenseite postierte Brückenheilige, „der Johannes", wie er im Volksmund hieß, eine schützende Hand über das Bockerl gehalten.

Das Malheur wurde von den Widersachern weidlich gegen die Bahn ausgenützt. Die Bahn blieb nicht untätig. Eine Verbesserung der Gleislage im Brückenbereich

Fotohalt auf der Regenbrücke im Eröffnungsjahr 1889. Die wohl älteste noch existierende Fotographie der Walhallabahn, aufgenommen vom Kgl. Hofphotographen H. Hoffmann

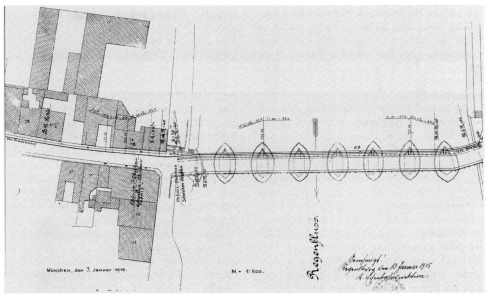

Gleisführung vor und auf der Regenbrücke

und eine weitere Geschwindigkeitsverminderung auf der Brücke erhöhten die Laufsicherheit in diesem kritischen Abschnitt. Die Öffentlichkeit hatte für alle Vorgänge auf und in der Nähe der Brücke weiterhin ein waches Auge. Als am 20. November 1909 die Rangierfahrt 5 zum Güterbahnhof in Steinweg gleich nach Passieren der Regenbrücke bei der Bierbrauerei Auer das Gleis verließ und den gesamten Straßenverkehr stundenlang blockierte, traten die alten Ressentiments wieder massiv hervor, und gab es neuerdings Presseschelte gegen die Walhallabahn. Da hieß es dann beispielsweise in der Neuen Donaupost:
„Man muß sich wundern, daß bei den verschiedenen Entgleisungen und sonstigen Störungen an dieser Stelle nicht schon ein größeres Unglück geschehen ist. In unverantwortlicher Weise wird hier das Leben der Passagiere aufs Spiel gesetzt, und die Aktiengesellschaft, die alljährlich den fetten Gewinn aus diesem Betrieb einheimst, darf ungestört fortwursteln, bis das schon längst prophezeite Unglück einmal eintritt."
Gereizt zielte ein Artikelschreiber im Februar 1914 gegen die Bahn, als sich an anderer Stelle eine schwere Entgleisung ereignet hatte: „Die Walhallabahn macht ab und zu von sich reden, und es wird dem Betrieb nicht eher auf den Leib gerückt, bis das Zügle einmal im Regen sich abkühlt und soundsoviele Opfer fordert."
Auf der Regenbrücke kam es auch zu anderen Zuglaufstörungen, z. B. zu Zugtrennungen durch Abreißen der Zugeinrichtung. Aufsehen erregte ein Tierunfall, als ein Materialzug auf der Regenbrücke einen wertvollen Jagdhund im Wert von 400 Mark überfuhr.
Von einem Unfall ist noch zu berichten, dem wohl tragischsten Eisenbahnunfall

auf der Regenbrücke. Ein Viehhändler aus Wiesent hatte auf dem Viehmarkt in Stadtamhof nicht alles Vieh verkaufen können. Der Viehhändler wollte sein Vieh im Viehwaggon bis Wiesent begleiten. Das Protokoll über die Anhörung des Zugführers gibt über den Unfallhergang authentische Auskunft:
„Am 7. Juli 1908 war ich bei Zug 114 als Zugführer eingeteilt. Bei Abfahrt des Zuges bekam ich den Auftrag, am Dultplatz einen Viehwagen nach Wiesent mitzunehmen. Nachdem der Wagen am Schluß des Zuges eingehängt war, frug ich Herrn Stationsvorstand Raffler, ob jemand persönlich im Viehwagen Platz genommen habe, weil kein Viehgatter angebracht war, worauf ich die Antwort erhielt, daß der Aufgeber sich im Wagen befindet und ich ihn bis Wiesent im Wagen belassen soll. Ich gab hierauf das Abfahrsignal und fuhr der Zug bis zur Haltestelle Steinweg. Hier nahmen noch einige Passagiere Platz, und nachdem dies geschehen und sich niemand mehr außerhalb des Zuges befand, gab ich wieder das Abfahrsignal und bestieg die Plattform des zweiten Personenwagens hinter der Maschine; hier schaute ich nochmals rückwärts, ob alles in Ordnung ist und bemerkte dabei, daß ein Mann neben dem Viehwagen herlief und bemüht war, die Wagentür zu schließen. Ich sprang sofort nieder und rief dem Manne zu, er solle vom Wagen weggehen, was derselbe jedoch verneinte und zugleich auf das Trittbrett des Wagens sprang, während der Zug beim Anfahren auf der Brücke war. Sogleich gab ich das Haltesignal, welches aber nicht beachtet wurde, da ich die Maschine wegen der Kurve nicht sehen konnte und rief dem Manne nochmals heftig zu, er solle absteigen, hatte dabei aber selbst höchste Zeit, in den Wagen zu kommen, da ich

Straßen- und Bahnbrücke über den Regen (vor 1905). Im Hintergrund Steinweg. Der Zugang zur Bahnbrücke war mit Ketten abgesperrt. Der Brückenüberbau für die Bahn ruhte auf den Pfeilerköpfen der Straßenbrücke

Imposante Aufnahme eines Bahnzuges auf der Regenbrücke. Bei der stark exponierten Lage der Schienenfahrbahn auf den Pfeilerköpfen war besondere Vorsicht im Zugbetrieb dringend geboten

sonst von dem Geländer der Brücke erfaßt worden wäre. Hier rief ich dem Manne wiederholt, ebenso auch viele Passagiere, zu, er solle sofort absteigen, was er wieder durch Kopfschütteln verneinte. Hierauf gab ich nochmals das Haltesignal und war das Maschinenpersonal bereits durch Rufen der Passagiere verständigt. Bis der Zug jedoch zum Stehen kam, war es zu spät. Der Mann wurde vom Brückengeländer erfaßt, wurde ein paarmal herumgedreht und fiel dann über die Brücke zwischen dem Geländer hinab. Nachdem der Zug gehalten hatte, lief ich zurück und sah den Mann auf einer trockenen Stelle im Regen liegen. Ich gab dem Rillenreiniger Insinger den Auftrag, sofort Herrn Dr. Aschenauer zu verständigen, welcher auch sogleich zur Stelle war, worauf der Zug nach Reinhausen vorfuhr." Dr. Aschenauer konnte dem verunglückten Viehhändler nicht mehr helfen.

Schwierige Brückenauffahrten

Ein weiteres Manko ergab sich durch die extreme Steigungen der Brückenauffahrten mit 33,3 Promille, wobei sich der Laufwiderstand durch Gegenkurven noch erhöhte. Diese schwierige Gleislage erschwerte den Zugbetrieb in diesem Abschnitt ganz erheblich. Die vielfach kritisierten Extremsteigungen hatten sich aber nicht vermeiden lassen, da beim Bahnbau zur Auflage gemacht wurde, bei der Höhenlage der Brückenträger das Hochwasser von 1845 zu berücksichtigen.

In den Brückenrampen wurden die Schienen am stärksten beansprucht. Durch das häufige Schleudern der Lokomotiven mit Sandstreuen zur Reibungserhöhung und das starke Bremsen bei den Gefällefahrten

hatten sich dort die Schienen in zwanzigjähriger Betriebszeit um bis zu 3,6 mm abgenützt. Im Zuge der Auswechselung des ursprünglichen Hartwich-Oberbaues in Stadtamhof und Steinweg ersetzte die Bahn 1917 auf der Steinweger Seite das Gleis vor der Brücke durch den kräftigeren Phönix-Oberbau und schloß dadurch eine weitere Sicherheitslücke.

Mit den Brückenauffahrten hatte das Lokpersonal seine liebe Not. Diese Kalamitäten verschärften sich bei Regen, Nebel, Laubfall und durch den Kot der Zugtiere des Fuhrwerksverkehrs, wenn es auf den Schienen zur gefürchteten Schmierfilmbildung kam und die Antriebsräder der Maschinen durchgingen. Dann konnte das Personal jedesmal aufatmen, wenn der Zug die Steigung im ersten Anlauf genommen hatte.

So angenehm die großen, schattenspendenden Kastanienbäume des an der Brückenauffahrt gelegenen Auerschen Biergartens für die Biergartenbesucher waren, so nachteilig war das im Herbst auf die Schienen fallende Laub für den Zugbetrieb, da es das Schleudern der Lokomotiven begünstigte. Blieb ein Zug in der Brückensteigung hängen, so quittierten Passanten und Passagiere die erneuten Anfahrversuche mit Gelächter und hämischen Bemerkungen. Solche Vorfälle griff auch die Presse auf, besonders wenn sich das Malheur beim selben Zug wiederholte.

Von einem solchen Fall berichtete die Neue Donau-Post unterm 10. Februar 1910: „Eine Fahrt mit Hindernissen hatte am letzten Freitag wieder einmal der Bockel nach Donaustauf zu bestehen. Flott ging es von Stadtamhof weg, aber leider nur bis zur Mitte der Regenbrücke. Hier konnte die arme Lokomotive die Steigung nicht mehr erschnaufen, und im schnellen Tempo ging's rückwärts. Nach einem erneuten

Die Haltestelle im Ort Reinhausen mit der Gleisführung zur Regenbrücke

Das Bockerl hat die Regenbrücke erklommen (um 1905). Im Hintergrund Reinhausen

Versuch wurde endlich die schwierige Höhe überwunden. Bei der kleinen Steigung am Ende von Reinhausen wiederholte sich dasselbe Schauspiel. Geradezu beispiellos ist es, welch leichtfertiger Frevel auf dieser Bahn mit Menschenleben getrieben wird. Man wird sicher nicht eher Abhilfe schaffen, bis ein großes Unglück geschehen ist." Nach den Recherchen der Bahnverwaltung hatte die Mittagssonne die vereisten, von den Zugtieren stammenden Exkremente auf dem Gleis aufgetaut, und auf dieser glittschigen Masse war das schwache Bockerl, ein „Glaspalast", ins Schleudern geraten.

Mein Großvater, Lokomotivheizer bei den K. B. Staatseisenbahnen, beobachtete von seiner Wohnung in der Bäckergasse oft den Zugbetrieb der Walhallabahn auf der Regenbrücke. Er hat oft davon erzählt, auch von den oben geschilderten Mißgeschicken des Bockls. Als Heizer von großen Lokomotiven hatte er den schweren Lokomotivfahrdienst im Schnellzug- und Güterzugbetrieb mitgemacht. Nicht ohne ein gewisses Amüsement verfolgte er von seinem Logenplatz aus die Schwierigkeiten der zierlichen Maschinen auf der Regenbrücke und stellte Vergleiche zum schweren Hauptbahnzugbetrieb an.

Probleme mit der Brückenstatik

Den Brückenüberbau hatte man ursprünglich nur für Personenzüge mit leichten Tramwaymaschinen dimensioniert. Mit der Aufnahme des Güterverkehr traten durch die schwereren Züge statische Probleme auf.

Die Bahnbrücke hatte 9 Öffnungen. Statische Gründe zwangen auf der Steinweger Seite zur Anordnung einer Pendelstütze. Die maximale Stützweite betrug 16,63 m. Bei dem Brückentragwerk handelte es sich um Blech- und Walzträger. Die gesamte Tragkonstruktion, 51 t schwer, hatte das Werk Gustavsburg der Maschinenbau-AG. Nürnberg hergestellt.

Als die Lokalbahn-Aktiengesellschaft mit dem Bahnbau nach Wörth a. D. neue, stärkere Lokomotiven in Auftrag gab, mußte bei der Lokkonstruktion die Tragfähigkeit der Brücke berücksichtigt werden. 1921 kam für den Güterzugdienst Walhallastraße – Wörth a. D. eine gebrauchte, dreifach gekuppelte Tenderlok (63) zur Walhallabahn. Diese schwerere Lok sollte später bis Stadtamhof eingesetzt werden, wofür aber die Regenbrücke zu schwach war. Die MAN stellte ein Projekt für eine Brückensanierung auf, worauf sich die Bahn wegen zu hoher Kosten und weil der Weiterbetrieb der Teilstrecke Stadtamhof – Reinhausen bereits damals in Frage stand, nicht mehr einließ.

Mit Erlaß vom 26. Juli 1926 ordnete der Reichsverkehrsminister eine Tragfähigkeitsuntersuchung aller Brücken von Privatbahnen an. Die Lokalbahn-Aktiengesellschaft versuchte diese Untersuchung für ihre Regenbrücke aus verständlichen Gründen zu umgehen. Der Reichsbevollmächtigte für Privatbahnaufsicht bestand jedoch auf dem Festigkeitsnachweis. Die statische Nachrechnung bestätigte, daß es mit der Brückenstatik nicht zum besten stand.

Die Hauptschwachstelle lag in der Hilfspfeilerkonstruktion zwischen der ersten und zweiten Brückenöffnung. Auch die Hauptträger entsprachen nicht mehr den Sicherheitsstandards. Die Bahn bat in Anbetracht ihrer finanziellen Misere um Zurückstellung der Sanierung bis zum Abschluß des Rechtsstreites mit der Stadt Regensburg. „Jahrzehntelang sei die Regenbrücke befahren worden, ohne schädlichen Einfluß auf das Tragwerk", lautete die Gegenargumentation der Bahn. Schließlich lenkte die Aufsichtsbehörde ein.

Bei einer gründlichen Brückeninspektion durch das Reichsbahn-Betriebsamt im August 1930 zeigten sich gravierende Instandhaltungsmängel, die in jedem Fall abgestellt werden mußten. Die Bahnverwaltung fuhr auf Verschleiß und versuchte, die Reparatur weiter hinauszuzögern, stieß aber auf Ablehnung bei der Aufsichtsbehörde. Erst als klargemacht wurde, daß Sicherheit nicht

verhandlungsfähig sei, rang sich die Bahnverwaltung zur Behebung der Schäden durch.

Ein Jahr später hatte die Lokalbahn-Aktiengesellschaft den Prozeß mit der Stadt und damit auch ihre Vorortsstrecke verloren. Die weitere Geschichte der Brücke ist schnell abgehandelt: Ab 1. Oktober 1933 fuhr die Straßenbahn nach Reinhausen auf der alten Walhallabahnbrücke über den Regen, bis in den letzten Kriegstagen ein Sprengkommando die alte Regenbrücke vor den heranrückenden Amerikanern in die Luft jagte.

Der „Fahnerlbua" im Laufschritt in der scharfen Kurve beim Gasthaus Weigl in Steinweg

Der „Fahnerlbua" – Ein Unikum der Walhallabahn

Zugsicherung mit rotem Fähnchen und Karbidlaterne

Auf den engen Straßen in Steinweg und Reinhausen hatte bei jedem Zug ein Bahnbediensteter bei Tag mit einer roten Signalflagge und bei Nacht mit einer rotleuchtenden Laterne voranzuschreiten. Seine Aufgabe war es, die Straßenpassanten vor dem nahenden Zug zu warnen und für eine freie Fahrbahn des WALHALLA-BOCKERLS zu sorgen.

Diese Vorsichtsmaßnahme war strenge Pflicht nach den Oberpolizeilichen Vorschriften und wegen der engen, unübersichtlichen Verhältnisse auf den belebten Straßen dringend geboten.

Der Abstand zwischen dem voranschreitenden Bahnbediensteten und dem Zug mußte mindestens 20 m betragen, um Personen und Fuhrwerke noch rechtzeitig vom Gleis verweisen zu können. Gefährlich wurde es, wenn hinter dem Bahnbediensteten Passanten vor dem herannahenden Zug noch schnell das Gleis überqueren.

Der „Fahnerlbua" bzw. „Fahnerlmo", wie er im Volksmund hieß, gehörte zu den Originalen der Walhallabahn. Die schnaubende Maschine im Rücken trieb ihn oft zu einem ordentlichen Galopp an.

Der Aufgabenbereich des „Fahnerlbuam" erstreckte sich von der Einmündung der Drehergasse in Steinweg bis hinüber nach Reinhausen zur Straßenkreuzung. Auch auf dem Zinstag-Gleis, soweit es auf der Lappersdorfer Straße lag, hatte er die gleichen Dienstobliegenheiten zu verrichten.

Erhöhte Wachsamkeit war bei der Straßenkreuzung in Reinhausen und an der Einmündung der Lappersdorfer Straße geboten. Beim Gasthof Weigl bekam einmal ein Langholzfuhrwerk die Kurve Richtung Regenbrücke nicht und blieb am Hauseck hängen, während der Zug schon herankam. In solchen Fällen war auch der „Fahnerlbua" mit seinem Latein am Ende.

Bei den Zügen nach Stadtamhof konnte sich der von Steinweg anmarschierende „Fahnerlbua" den Weg bis zur Abfahrtsstelle in Reinhausen sparen, wenn dort bereits ein Schutzmann den Verkehr selbst überwachte.

In diesem Fall gab ihm der Gendarm ein Zeichen, auf der Regenbrücke zu warten. Wenn der Zug dann die Steilrampe hinaufkeuchte, setzte sich der „Fahnerlbua" in Bewegung, entrollte auf der anderen Brückenseite das rote Fähnchen und beschleunigte seinen Schritt, sobald das Bockerl den Scheitelpunkt der Brücke überwunden hatte.

Auf dem Gleis stehende Fuhrwerke und Leiterwagen versperrten häufig den Weg. Kurzerhand setzte sich der „Fahnerlbua" selbst auf den Kutschbock und lenkte den Wagen beiseite. Trieben sich Jugendliche im Gleis herum oder hänselten sie ihn, so fackelte er nicht lange und schlug mit dem „Fahnerlstiel" dazwischen.

Um sich bei rauhen Fuhrknechten und frechen Lausbuben Respekt zu verschaffen, bedurfte es schon eines Auftretens als Amtsperson mit entsprechend barschem Umgangston.

Die Gleisreinigung, Aufgabe des „Fahnerlbuam"

Neben der Lauftätigkeit gehörte auch das Ausräumen der Rillenschienen und das Schmieren derselben in den engen Gleiskurven zu seinem Geschäft. Beides war für den betriebssicheren und geräuscharmen Lauf der Züge sehr wichtig. Schon ein kleiner Stein in der Schienenrille konnte das nicht allzu schwere Dampflokomobil aus der Gleisbahn heben. Bei unterlassener Schienenschmierung rächte sich das Bokkerl auf seine Art durch helle, in den Ohren schmerzende Pfeiftöne beim Durchrattern der Kurven.

Zu seiner Ausrüstung gehörte deshalb neben dem Fahnerl und einer Karbidlampe auch eine Rillenschaufel, ein Besen und ein Kübel mit Schmiere.

Beim Schreibwarenladen Eisenhut spülten starke Regenfälle oft soviel Sand vom Dreifaltigkeitsberg herab, daß sich ganze Sandhaufen auf den Schienen bildeten. Kam dann plötzlich der „Fahnerlbua" mit seinem Zug um die Ecke, so blieb ihm nichts anderes übrig, als das Hindernis mit den bloßen Händen aus dem Weg zu räumen, sollte es nicht zur Entgleisung kommen.

Über die Zugfolge erkundigte er sich von Fall zu Fall bei der Güterhalle in der Drehergasse, damit er sich seinen Dienst besser einteilen konnte. Dazwischen blieb hin und wieder schon Zeit zu einer Brotzeit beim Auerbräu oder beim Weigl. Und wenn es gar nicht anders ging, dann mußte eben auch einmal ohne die Begleitung des „Fahnerlbuam" gefahren werden. Doch dies hatte sich unbedingt auf Ausnahmen zu beschränken, denn die polizeiliche Obrigkeit hatte ein gar scharfes Auge für die Einhaltung dieser Sicherheitsvorschrift.

Der „Fahnerlbua", ein Opfer von Rationalisierungsmaßnahmen

Um 1925 ging die Eigenständigkeit des „Fahnerlbuam", der zwar der Güterabfertigung in der Drehergasse unterstand, sich seinen Dienst nach dem Zugfahrplan aber selbst einteilen konnte, zu Ende. Die angespannte wirtschaftliche Lage zwang zur Sparsamkeit. Es hatte sich aber auch die Auslastung dieses Mitarbeiters durch den Wegfall der Zinstag-Züge vermindert. So wurde der „Fahnerlbua" ein Opfer von Rationalisierungsmaßnahmen.

Seine Aufgaben hatten nun die Ladearbeiter der Güterabfertigung zu übernehmen. Die Zeiten, als noch Zeit zu einem Abstecher zum Auerbräu oder zum Weigl blieb, waren endgültig vorbei.

Lassen wir zum Thema „Fahnerlbua" nochmals Herrn Johann Rösch zu Wort kommen: „Neben mein'm G'schäft beim Güterbahnhof hab' i mit einem roten Fahnerl bei Tag und einer Karbidlatern' bei Nacht zwischen Steinweg und Reinhausen vor de Züg herlaffa müssen. Sobald i auf dem Güterbahnhof in der Drehergaß' den Abfahrtspfiff von Stadtamhof rüber g'hört hab', bin i losmarschiert, um rechtzeitig auf der Steinweger Hauptstraß' zu sein. Je mehr sich des Bockerl der Regenbruck' g'nähert hat, um so schneller is g'fahrn, manchmal so g'schwindt, daß i es nimmer darenner hab' kenna. Ganz narrisch is an de Oster- und Pfingstfeiertag' zuaganga, wo alle Aug'nblick ein Zug g'fahrn is."

Probleme des Vorortsverkehrs

Der Bahnbetrieb auf den Vorortsstraßen bereitete der Lokalbahn-Aktiengesellschaft die meisten Sorgen. Am Anfang freudig aufgenommen, schwanden die Sympathien für die Walhallabahn schnell dahin. Praktisch mit dem Lösen des ersten Billetts setzte auch die Kritik ein. Schon wenige Jahre später warteten die Vorstadtgemeinden mit ersten massiven Beschwerden auf und setzten der Münchener Aktiengesellschaft immer mehr zu.

Vorwiegend fühlten sich die Bürger von den Begleitumständen des Dampfbetriebes belästigt. Rauch und Ruß galten als Hauptübel. Zugleich sagte man dem Ausstoß der Lokomotiven eine große Feuergefahr nach, obwohl im Kaminaufsatz ein trichterförmiges Funkensieb, „Zipfelhaube" genannt, steckte.

Als nach der Jahrhundertwende die Fahrten durch das bewohnte Gebiet zunahmen, wuchs der Ärger über die Walhallabahn, die sich zu einem besonderen Schmerzenskind ihrer Eigentümerin entwickelte.

Trotz des Begleitschutzes durch den vorauslaufenden Bahnbediensteten drohte Gefahr, wenn das Bockerl schnaufend durch die stark belebten Straßen rollte. Besonders kritisch ging es bei den engen Passagen in Steinweg und Reinhausen her, wo die Züge „hauteng" an den Häusern vorbeiliefen.

Tierescheuen und Unglücksfälle

Das Qualmen und Fauchen der Maschinen übte einen gefährlichen Einfluß auf Pferde, Ochsen und anderes Hornvieh aus. Mit seinem rußbeschmutzten Äußeren erzeugte das WALHALLA-BOCKERL die vergleichbare Wirkung eines roten Tuches.

Beim Nähern des schwarzen Ungetüms bäumten sich die Tiere, und es bemächtigte sich ihrer Unruhe. Mancher Wagenlenker flog im hohen Bogen vom Kutschbock herunter und landete auf der Fahrbahn oder fand sich im Straßengraben wieder, wenn sein Gespann vor der Lokomotive scheute und durchging. Solche Szenen passierten gleich kurz nach der Eröffnung. Ein Gutspächter gab zu Protokoll, daß er mit Frau und Kind durch das Scheuen seines Pferdes vor der Eisenbahn in Steinweg auf das Straßenpflaster heruntergeschleudert wurde. Ein ähnlicher Vorfall ereignete sich wenige Tage später an den Torpfeilern in Stadtamhof, wobei der Kutscher bewußtlos liegenblieb, das Wägelchen zerschellte, und das Pferd in seiner Angst im wilden Galopp bis zur nächsten Ortschaft jagte. Der Unglücksrabe mußte sich daraufhin beim Bader in Stadtamhof in Behandlung begeben. In einem anderen Fall rannten die scheuenden Rösser einen Gaskandelaber über den Haufen, oder es kam auf der Regenbrücke zu einer Schreckensszene, weil die aufgescheuchten Tiere ihr Fuhrwerk durch das Geländer zu drücken drohten.

Bei der Apotheke in Reinhausen drehte ein Pferdegespann infolge eines Dampfzuges dermaßen durch, daß Rösser und Wagen plötzlich quer zur Straße standen und den Verkehr vollständig blockierten. Wie immer in solchen Fällen war der Ort des Geschehens sogleich von einer großen Ansammlung Schaulustiger umringt.

Unglücksfälle durch Scheuwerden der Zugtiere und Zusammenstöße gehörten auch draußen auf der freien Strecke nicht gerade zu den außerordentlichen Seltenheiten. Zwischen Schwabelweis und Donaustauf stürzte ein Bauernfuhrwerk durch das Ungestüm der vorgespannten Kühe „schnurstraks" in den Straßengraben, als der Lokalbahnzug gleich nebenan passierte, und beim Kalkwerk Funk fuhr das Bockerl frontal in ein Fuhrwerksgespann, daß es krachte, die Deichsel zersplitterte und die Pferde zur Seite geschleudert wurden.

Im Juli 1910 scheute in der Nähe der Regenbrücke in Steinweg ein mit Brettern beladenes Pferdefuhrwerk vor dem Bockerl. Ergebnis: Pferd durchgegangen, Wagen zertrümmert, Bockerl unversehrt.

Besonderer Aufmerksamkeit bedurfte es seitens des Lokomotivpersonals und der Viehtreiber beim Auftrieb der Tiere. Die Walhallabahn wurde vielen Hunden zum Verhängnis. Herr Professor Dr. Johann Auer, Sohn des Brauereibesitzers, erzählte mir, daß mancher ihrer Hunde von Walhallabahnzügen auf dem an der Brauerei vorbeiführenden Gleis oder auf der Regenbrücke überfahren wurde.

Auf den engen Straßen mußte es durch den Bahnbetrieb zu Unfällen kommen. So ereigneten sich die meisten Unglücksfälle auf der nur knapp 1,5 km langen Ausgangsstrecke. Die größte Unfallhäufigkeit trat während der ersten 25 Betriebsjahre auf. Bei der Durchsicht der damaligen Regensburger Zeitungen tauchten im Lokalteil regelmäßig Berichte über Zusammenstöße, Entgleisungen, Tierescheuen, Überfahren von Personen usw. auf.

Die Vorfälle verliefen nicht immer glimpflich. Bis 1914 weist die Unfallstatistik acht Todesfälle auf. Der erste tödliche Unfall ereignete sich am 1. November 1896, bei dem ein Schreinergehilfe überfahren wurde. Neugier und Übermut verursachten manchen Unfall. Freche Knaben trieben es sogar soweit, daß sie kurz vor dem herannahenden Zug aus lauter Mutwillen über das Gleis hin- und herliefen, während der Lokomotivführer wild mit der Schlagglokke bimmelte und stürmisch Achtungspfiffe gab. So etwas konnte auf die Dauer nicht gutgehen. Auf den Haltestellen kletterten kleine Kinder unbemerkt zwischen den Wagen herum und stiegen auf die Plattformen, während sich der Zug dann plötzlich in Bewegung setzte.

Das Aufspringen von Reisenden auf anfahrende Personenzüge hatte manchen schweren Unfall zur Folge. Der angetrunkene Zustand von Passanten spielte als Unglücksursache natürlich auch seine Rolle. Da kam es vor, daß Betrunkene auf dem Bahngleis heimwärts torkelten und der Lokführer Mühe und Not hatte, den Zug im letzten Moment noch zusammenzubremsen.

Auf das fahrende Bockerl aufzuspringen, gehörte ebenfalls zur Mutprobe junger Lausebengel. Einer mußte 1905 diesen Leichtsinn in Reinhausen mit dem Leben bezahlen. Ein altes Weiblein kam 1909 bei Sulzbach a. D. tödlich unter die Räder. Bei Demling passierte 1912 ein schrecklicher Unfall, auf den noch näher eingegangen wird.

1908 stürzte ein Brauer von der Wagenplattform und geriet unter den Zug. Mancher Unfall ereignete sich am Tor der Bierbrauerei Auer, wo herausfahrende Gespanne mit dem dort mit voller Kraft vorbeiratternden Zug zusammenprallten, so geschehen z. B. 1918, als der Wagen eines Einspänners erfaßt und vollständig zertrümmert wurde.

Ein Knäblein wurde an der gleichen Stelle beim Bierholen an der Gassenschänke von einem Zug erfaßt und schwer verletzt. Ähnlich gefahrvoll und unübersichtlich war die Einfahrt der Züge vom Dultplatz hinein nach Stadtamhof, da ein Pylon der Stadttoranlage die Sicht in die Hauptstraße einschränkte. Bezeichnend hierfür ist ein im Juli 1915 passierter Unfall. Als der Personenzug 109 vor dem Stadttor ankam, kam auf dem Einfahrgleis ein Einspännerfuhrwerk entgegen. Trotz Glockensignalen und sofortigem Bremsen ließ sich der Zusammenprall bei der Schildschen Brauerei nicht mehr verhindern. Die protokollarische Einvernahme des Zugführers schildert authentisch die Folgen des Unfalls:

„Bei der Einfahrt vom Protzenweiher nach Stadtamhof war ich mit der Abnahme der Fahrkarten beschäftigt. Plötzlich hielt der Zug an, und ich erkundigte mich nach dem Grund. Ich sah ein Pferd am Boden liegen, der rechte Fuß war unter der Lokomotive. Der linke Vorderfuß war in die Höhe gestreckt, während die Hinterfüße zwischen Lok und Packwagen lagen. Das Pferd wurde in die Höhe gerissen und vom Fuhrwerkslenker zur tierärztlichen Behandlung in die Stallung gebracht."

In der Mehrzahl aller Vorfälle traf die Bahn allerdings keine Schuld.

Im Bahnbetrieb ereigneten sich auch Arbeitsunfälle, die zum Teil tragisch ausgingen. Da kam im Güterbahnhof in Steinweg ein Bahnarbeiter beim Rangieren unter die Räder, oder es wurde das Lokpersonal bei Entgleisungen, Zusammenstößen oder beim Umstürzen von Lokomotiven verletzt oder erlitt Verbrühungen durch ausströmenden Dampf.

Am Unfallgeschehen war aber nicht nur das Bockerl beteiligt. Immer häufiger passierten Unfälle durch Radfahrer und Automobile.

Bahnunterführung und Zusammenstöße

1892 wurden die Donaustaufer Straße und die Walhallabahn in die neu erbaute Unterführung beim Staatsbahnhof Walhallastraße verlegt. Die Unterführung fiel mit nur 7 m Breite ziemlich eng aus. Vor der Unterführung ging das Schmalspurgleis vom eigenen Bahnkörper auf die Straße in Rillenschienenoberbau über. Die 40 m lange Unterführung hatte für den Verkehr die Wirkung eines Flaschenhalses. Zu- und Abfahrt befanden sich in der Steigung. Bei diesen ungünstigen Verhältnissen waren Zusammenstöße mit dem Bockerl vorprogrammiert.

Dampf und Rauch nebelten die Unterführung ein. Fuhrleute mußten darauf achten, bei der Durchfahrt von Zügen außerhalb zu bleiben, denn der Abdampf und die Geräuschentwicklung der Loks schreckten die Zugtiere. In der Unterführung krachte es des öftern. Am 24. Juli 1923 stieß der Güterzug 7 nach Reinhausen mit einem Fuhrwerk zusammen. Mit zunehmender Motorisierung häuften sich die Unfälle. Die S-förmige Gleisführung vor der westlichen Einfahrt führte nachts bei stadtauswärts fahrenden Zügen zur Irritation des Gegenverkehrs mit fatalen Folgen. Eine solche Kollision trug sich am 16. Oktober 1932 zu, deren Hergang die Unfallstellungnahme des Lokführers Josef Gomeier anschaulich schildert:

„Ich war bei Pz 116 als Lokführer eingeteilt. Als sich der Zug der PL-Tafel näherte, gab ich ausreichend Pfeif- und Läutesignale. Fragliches Auto bemerkte ich schon außerhalb an der Westseite der Reichsbahn-Unterführung neben dem Walhallabahngleis. Der Zug fuhr mit der vorschriftsmäßigen Geschwindigkeit, als plötzlich fragliches Auto ins Gleis hereingefahren war.

Straßenbild in Steinweg (um 1905). Der Fuhrwerkslenker im Vordergrund hält sein Ochsengespann vorn am Zügel fest, damit es nicht vor dem heranfauchenden Dampfroß scheut

Das WALHALLA-BOCKERL, beherrschendes Element im Straßenbild von Stadtamhof (um 1910)

Auf eine Entfernung von 10 m gewährte ich, daß das Auto direkt nach rechts steuerte und gegen die Lokomotive heranfuhr, worauf ich mit aller Gewalt den Zug zusammenbremste. Der Heizer zog die Handbremse und ich gab noch Gegendampf. Trotzdem war der Zusammenstoß nicht mehr zu verhindern. Von der Lokomotive herab rief ich dem Autolenker zu: ‚Ja Menschenskind, wo haben Sie denn hingeschaut?‘"

Bei der starken Zunahme des Straßenverkehrs in den fünfziger Jahren häuften sich dort die Unfälle in beängstigender Weise.

Bahnübergänge und Unfälle

Auf der Walhallabahn gab es 198 Wegübergänge. Die Mehrzahl waren Feldwege und Wegrampen außerhalb der Vororte. An den Wegübergängen im Vorortsbereich übernahm der den Zügen vorausgehende Bahnbedienstete die Verkehrssicherung so gut es ging. An den Kreuzungen und Übergängen mußte das Lokpersonal höllisch aufpassen und stets auf Überraschungen gefaßt sein. Auf Wegübergängen kam es zu schweren Unglücksfällen. Auf der Überfahrt zum Sortierlager Wolff bei Reinhausen krachte es beim Zusammenstoß des Güterzuges 1 mit einem Lumpenfuhrwerk, daß die Fetzen flogen. Der Güterzug mit Lok 2 und den Wagen OOn 790, GGn 796 sowie dem auf Rollböcke gesetzten Wagen Mg 279790 Omk war in voller Fahrt nach Reinhausen, als der Fuhrmann auf seine Pferde eindrosch, um noch vor dem Zug das Gleis zu überqueren. Alles Bremsen nutzte nichts mehr. Der Heizer wurde gegen die Feuertür geschleudert und die Lok sowie ein Wagen entgleisten so unglücklich, daß neben dem Zugverkehr auch die

Straßen nach Reinhausen und Weichs blockiert waren.

Einer der gräßlichsten Unglücksfälle auf der Walhallabahn ereignete sich am 30. Juli 1912 auf dem Bahnübergang am Ende der Haltestelle Demling. Der Güterzug 132 nach Wörth a. D. hatte folgende Zugbildung: Lok 67, Wagen GGn 536 mit Stückgut, Wagen OOn 788 mit Falzziegeln, Wagen OOn 787 mit Ziegeln, Packwagen 786 und Wagen Hm 598. Als Gz 132 an die Haltestelle Demling heranfuhr, näherte sich ein Achsenfuhrwerk dem Bahnübergang. Der Fuhrwerkslenker hatte die Ochsen an der Leine. Beim Herannahen des Zuges schlug er plötzlich auf die Ochsen ein, die einen Sprung nach vorwärts machten und in den Zug hineinrannten. Das Zugpersonal konnte die Katastrophe nicht mehr verhindern. Die Maschine entgleiste vollständig. Sofort ging das Personal an die Bergungsarbeiten mit den stets mitgeführten Winden heran. Mehrere Bauern aus der Umgegend eilten zur Hilfeleistung herbei und stellten Holz zum Anheben der Lok zur Verfügung. Für den Verunglückten kam jede Hilfe zu spät.

Das Bockerl, ein Verkehrsunikum

Ein besonderes Kapitel waren die Entgleisungen. „Meister Bockl" verspürte öfters Streikgelüste und sprang zu diesem Zweck listig und schlau aus dem Gleis, um sich eine Verschnaufpause zu verschaffen. Oder der eine oder andere Wagen fand es plötzlich zu langweilig auf den Schienen und machte einen kleinen Abstecher nach der Seite raus. Manchmal überkam die Lokalbahn eine direkte Entgleisungskrankheit, wenn der Zug gleich zwei- und dreimal am gleichen Fleck aussprang. Verschiedentlich stellten sich die Bahnfahrzeuge nach der Entgleisung so unglücklich quer zur Fahrbahn, daß die Straße zum größten Ärgernis der übrigen Verkehrsteilnehmer stundenlang gesperrt war. Auf die Entgleisungen wird nachfolgend noch näher eingegangen.

Selbst vor Anschlägen blieb die geprüfte Bahn nicht verschont. Steine auf den Schienen gehörten nicht zu den Seltenheiten. Kreuz und quer standen alle Fahrzeuge eines Zuges im August 1909 bei Walhallastraße, weil ruchlose Hände Steinbrocken in das Gleisbett getrieben hatten. Der Stationskommandant der Gendarmeriebrigade Stadtamhof leitete in solchen Fällen seine Recherchen nach den Übeltätern an Ort und Stelle ein.

Gleis und Straße in Steinweg und Reinhausen befanden sich oft in einem fürchterlich verschmutzten Zustand. Durch starken Fuhrwerksverkehr wurde die Makadam-Fahrbahn rasch abgenutzt. Hinzu kamen die Exkremente der Zugtiere. Bei Regenwetter bildeten sich riesige Wasserpfützen, so daß bei der Durchfahrt der Züge die Brühe geradeso herausspritzte. Die Betriebsverwaltung wurde mit Vorwürfen über eine rücksichtslose Fahrweise ihres Lokpersonals konfrontiert, nachdem dabei Fußgänger in Mitleidenschaft gezogen worden waren. Die Bahnverwaltung

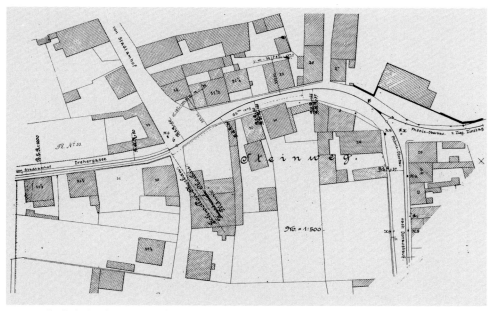

Das Walhallabahngleis durchzog im weit geschwungenen Bogen den Ort Steinweg. Es ist heute kaum noch vorstellbar, daß sich auf den engen Straßen dieses Vorortes einst ein reger Zugbetrieb mit vielen Personenzügen, den Güterzügen zur und von der Drehergasse und den häufigen Pendelfahrten des Zinstag-Bockerls abwickelte

begrüßte es sehr, als in Steinweg und Reinhausen die Straßen gepflastert wurden.

Eine tückische Gefahr bargen die glatten Straßenschienen mit ihren Furchen für die Radfahrer, damals noch „Velozipedisten" genannt. In den Rillen verfingen sich sogar einmal die Räder einer zur Brandstätte eilenden Feuerlöschmaschine, die dadurch zu Bruch ging. Dem Pferd eines Landauers wurde die spiegelblanke Schienenoberfläche des Walhallabahngleises zum Verhängnis. Es glitt darauf aus, brach sich das Bein und mußte notgeschlachtet werden.

Im Winter waren die Gleisrillen häufig zugefroren, so daß die Züge steckenblieben. Der alte „LAGler" Lokomotivführer Josef Gomeier wußte darüber humorvoll zu berichten: „Mit dem Frühzug von Donaustauf rauf ist mir des auch amal passiert. Da hab'n wir in Reinhausen unser' Maschin' abg'spannt und sind mit Volldampf bis zum Drehergaßl g'fahrn, daß links und rechts des Eis aus den Schienen g'flog'n ist. In de scharfe Kurv'n in Steinweg bin i mit einem Tempo reing'saust, daß mein'm Heizer himmelangst g'word'n ist, und er mich ang'schrien hat: ‚Bist du denn narrisch, du land'st ja beim Weigl in der Gaststub'n drin.' ‚Na ja, dann trink'n wir gleich a g'scheite Maß Bier', hab i drauf g'sagt."

Eine Stelle, wo sich manche Zuglaufstörung zutrug, war die Weiche für die Abzweigung des Zinstag-Gleises in Steinweg beim Gasthof Weigl, die sogenannte Weigl-Weiche.

Spötteleien, Witze, Späße

Auch damals war nichts so sehr der öffentlichen Kritik unterworfen wie die Eisenbahn. Lokal- und Sekundärbahnen waren eine stehende Nummer in den Witzblättern. Auch mit der Walhallabahn ging die Öffentlichkeit nicht zimperlich um. Blieb ein Zug mal stecken, oder blockierten entgleiste Fahrzeuge die Straße, so ergossen sich Spötteleien und Schmähreden über das Bähnchen. Bei der Einfahrt nach Stadtamhof blieb ein Zug in der engen Kurve wegen Dampfmangel liegen und ließ sich nicht gleich wieder in Gang setzen. Sofort hieß es, „die schweren über die Walhallabahn hereingebrochenen Schicksalsschläge haben dieselbe schwach und gebrechlich gemacht", oder „die Lokalbahn hat wieder gebockt".

Damit nicht genug. Ihrer Unzulänglichkeiten wegen mußte sie auch als Witzfigur herhalten. Längst hatte der Volkswitz die Aufschrift „LAG" auf den Lokomotiven in „lauter altes Glump" und „langsam, aber g'wiß" übersetzt. Eine Zuschrift im Blatt „Bayerisches Vaterland" empfahl die Walhallabahn den Herausgebern humoristischer Blätter als eine unerschöpfliche Quelle für Lokalbahnwitze. „Ein gichtbrüchiges Krokodil aus der Zeit der Pharaonen würde sich bestimmt schneller fortbewegen, als das Lokomobil der Lokalbahn-Aktiengesellschaft", hieß es darin ironisch. Selbst Betrunkene trieben mit der Walhallabahn ihre Späße. So auch, als einer unter allgemeinem Gelächter das Bockerl in Steinweg wie ein bockiges Tier behandelte. Stark angetrunken torkelte dieser Spaßvogel mit einem Büschel Heu in der Hand vor dem gemächlich fahrenden Zug her, streckte der Lokomotive immer wieder lockend das Heu entgegen und forderte das Gefährt mit spöttischen Rufen, wie „geh Bockerl, geh, dann kriegst a Futter", zu schnellerem Tempo auf.

Allerhand Schwierigkeiten hatten die zierlichen Maschinen mit den steilen Brückenauffahrten, besonders wenn gleich zehn oder elf Wagen dranhingen. Ließ sich die

Steigung nicht schon beim erstenmal überwinden, so drückte das Bockerl zurück, um im zweiten Anlauf mit schrecklichem Geschnaube und Gepuste das Zügle über die Brücke zu bringen, während die Passanten diese Prozedur mit Gelächter verfolgten. Zum allgemeinen Gaudium stiegen bei einem solchen Malheur dann auch noch Witzbolde aus dem Zug und schoben dem müden Bockl mit dem schneidigen Ruf an: „Auf geht's! Schieabt's o! Hallo, schieabt's o! Hurra, geht scho!" Schelmische Burschen wiederum spielten dem WALHALLA-BOCKERL einen Streich, indem sie Schmierseife auf das Brückengleis strichen, wo das Dampfroß dann wild zappelnd hängenblieb.

All diese Vorfälle brachten das Ansehen der Walhallabahn arg in Mißkredit.

Mit dem Bau der elektrischen Straßenbahn in Regensburg hofften die Vororte, die lästige Dampfbahn wieder loswerden zu können. Sie wünschten die Bahn hinaus ins freie Feld.

Schon 1902 hatte der Magistrat von Steinweg bei der Elektrizitäts AG vorm. Schukkert in Nürnberg angeregt, die Straßenbahn bis nach Reinhausen zu verlegen. Zum Leidwesen der nördlichen Vororte endete die am 21. April 1903 eröffnete „Elektrische" jedoch in Stadtamhof, nächst der Lokalbahn-Haltestelle. Unter eingehender Schilderung der aus dem Lokalbahnbetrieb erwachsenden Mißstände verlangte der Gemeinderat Reinhausen 1906 den Rückzug der Walhallabahn bis zum dortigen Ortsausgang.

Fronleichnamsprozession in Steinweg (um 1914). Hinter dem Traghimmel die Honoratioren von Steinweg. Das Bahngleis Richtung Drehergasse ist erkennbar. Bei Prozessionen und Umzügen auf den Vorortsstraßen mußte der Zugfahrplan entsprechend angepaßt werden

Der Generalangriff auf die kleine Bahn

In diesem Jahr erreichte der Feldzug gegen die Lokalbahn seinen Höhepunkt. Der aufgespeicherte Unmut entlud sich in ungewöhnlich scharfer Form. Damals geschehene Betriebswidrigkeiten nahmen die Gemeindemagistrate zum Anlaß, mit harten Attacken gegen die Lokalbahn-Aktiengesellschaft vorzugehen. Die Beschwerden standen aber mitunter in krasser Übertreibung zur Wirklichkeit.

Auch Wörth a. D. beteiligte sich an der Agitation gegen die Bahnverwaltung. Hier spielte mit herein, daß der Magistrat Wörth a. D. bereits damals auf eine Verstaatlichung der Walhallabahn hinarbeitete, und die Attacken zur Gesamtstrategie paßten.

Der Funkenflug aus der Maschine hatte in Steinweg einen Gardinenbrand entfacht und auf freiem Feld einen Heuhaufen in Brand gesetzt. Fast täglich standen in den Regensburger Blättern Beschwerdeartikel, die mit der Bahn hart ins Gericht gingen. Nach den beiden Brandfällen richteten sich die Angriffe hauptsächlich gegen die vom Bockerl ausgehende vermeintliche Feuergefahr. Man prophezeite die schauerlichsten Brandunglücke durch das funkenspeiende Ungetüm, das glühende Koksteilchen in der Größe von Taubeneiern ausgestoßen haben soll.

Der Bayerische Volksbote schrieb im August 1906: „Hauptsächlich kann man Augenzeuge sein, wie eine Funkensäule von 8 bis 10 m beständig den Schlot der Maschine umsäumt. Daß sich hierbei der Funkenregen auch der Umgebung mitteilt, ist durch Tatsachen bewiesen." Die Ursache des „kolossalen Funkenauswurfes" sah der Verfasser in der überstarken Feuerung der viel zu schwachen, „wahnsinnig puffenden" Maschinen.

Aus Reinhausen kam die Nachricht, daß bei mehrmaligen Anfahrversuchen eines Personenzuges an der Regenbrücke von der Lokomotive zahllose Funken ausgesprüht worden seien, von denen einige beim Kaufmann Rummel in das offene Fenster flogen und ein Fensterkissen versengten. Gleichentags, beim Abendzug, hieß es, sei ein glühendes Koksstück in die Wohnung des Baders Klinger geflogen, das die Hose des Meisters angebrannt hätte.

Der Magistrat Steinweg schlug in dieselbe Kerbe. Er meldete, daß am Pfingstsonntag sich der Zug nur unter großem Funkenausbruch vorwärts bewegen ließ, und die Maschine bei jedem Anstieg ausglitt, wobei sie unter gewaltigem Puffen jedesmal eine mehrere Meter hohe Funkensäule in die Luft stieß, und das Wiederanfahren mit Fauchen, Funkenspeien und großer Vehemenz erfolgte. Ebenso soll die Lokomotive eines Materialzuges von der Zinstag-Ziegelei bei der Anfahrt zur Regenbrücke einen ganzen Funkenregen hochgeschleudert haben.

Trotz aller Angriffe verursachte das Bockerl aber während seines langjährigen Bestehens keinen nennenswerten Brandschaden. Daß bei trockener Witterung einmal ein Heumandl neben der Bahn Feuer fing, oder sich ein Funke aus dem Lokomotivschlot durch ein offenes Fenster in ein Zimmer verirrte, ließ sich bei der Eigenart des Dampfbetriebes beim besten Willen nie ganz ausschließen. Diesen Standpunkt vertrat auch die Aufsichtsbehörde.

Rauch, Ruß und andere Widrigkeiten

Die Beschwerdeführer hatten ein reichhaltiges Repertoire an Klagen, das sie schonungslos auftischten. Ebenso heftig pran-

Eng und kurvenreich war die Ortsdurchfahrt in Steinweg, wie dieser Schnappschuß deutlich zeigt

gerten sie den Kohlenqualm der täglich mehr als dutzendmal durchfahrenden Züge an, der in die Zimmer eindrang, den Hausfassaden ein unschönes Äußeres gab und in den Straßen und Wohnungen einen widerlichen Gestank hinterließ.

Es gab eine Instruktion für das Lokomotivpersonal, nach der innerhalb Stadtamhof, Steinweg und Reinhausen nur Koks verfeuert werden durfte und das Nachfeuern von Stein- oder Braunkohle schon ab Walhallastraße zu unterlassen war. So jedenfalls stand es auf dem Papier. In der Praxis freilich sah die Sache dann halt doch etwas anders aus, wenn der Heizer zur Beförderung eines schweren Zuges ein gut durchgebranntes Steinkohlenfeuer brauchte. Bei längeren Aufenthalten in Stadtamhof mußten die Lokomotiven auf dem Dultplatz abgestellt werden.

Mit Argusaugen beobachteten die Schutzleute und die Herren Magistratsräte das Lokomotivpersonal beim Feuerschüren in Stadtamhof. Bemerkten sie auf der Schaufel des Heizers statt Koks Stein- oder Braunkohle, so erging unnachsichtig Anzeige. Davon zeugt die von dem Stadtgendarm Vinzenz Huber zu Protokoll genommene Anzeige eines Magistratsrates, daß bei einem Zug am 21. August 1906 mit großen Steinkohlenbrocken geheizt wurde.

Oberlokomotivführer Michael Bellmer erinnerte sich: „A bisserl Rauch wenn in Stadtamhof aus dem Kamin aufg'stieg'n ist, san ob'n scho de Fenster aufg'riss'n word'n, und ham d' Leut runterg'schimpft. Gleich ist auch der Schutzmo an d'Maschin kema und hat uns kritisch ang'schaut. Da hab' i zu ihm g'sagt, ja Herr Wachtmeister a wengerl einheizen müß'n Sie uns scho lassen, sonst geht uns auf der Regenbruck' der Dampf aus."

Übertriebene Kontrolltätigkeit und kleinliche Beanstandungen führten anscheinend auch zu einer gewissen Lässigkeit bei der Beachtung von Anweisungen gewisser Magistratsherren, die es deswegen für notwendig hielten, dem Zugpersonal mehr Achtung vor den magistralen Anordnungen einzuflößen.

Auch die Gartenbesitzer von Steinweg klagten ihr Leid über die Rauchbelästigung in ihren Gärten an der Drehergasse, wo sich die Rauchschwaden durchfahrender Züge oder rangierender Maschinen in den Bäumen und Sträuchern festsetzten, so stark, daß man es in den Gärten nicht mehr aushalten konnte.

Bei der Bekämpfung der Bahn kam es soweit, daß Spaziergänger, wohl im Auftrag der Bahngegner, Späherdienste leisteten und dabei den Zustand der Gleisanlage unter die Lupe nahmen. Nach deren Beobachtungen war das Gleisbett ausgewaschen und befand sich das Schwellenmaterial in einem geradezu kläglichen Zustand.

Auch wegen der Betriebsgeräusche standen die Straßenanwohner mit der Walhallabahn auf Kriegsfuß. Lautes Puffen, schrilles, markerschütterndes Pfeifen beim Durchfahren der Kurven, in übertriebenem Tonspiel gegebene Glockensignale und geräuschvolles Wasserspeisen am Brunnen in Stadtamhof warfen sie der Bahnanstalt auf diesem Sektor vor. „Anstelle der vorgeschriebenen Glockensignale klingelt der Heizer einen wahren Ländler herunter, angefangen am Ortseingang, wird dieses Spiel fortgesetzt bis zur Brücke und dann in Steinweg in auffallendem Tonspiel wieder von vorne angefangen, so daß man sich lebhaft an die Dultzeit versetzt glaubt", beschwerte sich der Bürgermeister von Reinhausen über dieses als unanständig und ohrenbetäubend empfundene Treiben. Kam es zu Verkehrseinschränkungen, z. B., weil wegen eines Rohrbruches im Gleisbereich aufgegraben werden mußte, so wurde natürlich auch auf die Walhallabahn geschimpft.

Kuriose Ereignisse

Vorfälle neben der Bahn, für die man eine Schuld der Aktiengesellschaft zu erkennen glaubte, brachten die Anwohner ebenfalls in Harnisch, mitunter aber auch zum Schmunzeln. Letzteres war bestimmt der Fall, als eine Beschwerde lief, weil jemand wegen eines schadhaften Böschungsgeländers am Bahnkörper in eine Grube mit stinkendem Odlwasser gestürzt war.

Es ist kaum zu glauben, aber wahr, was sich auf diesem unbedeutenden Bähnchen an Kuriositäten zugetragen hat. Ein paar weitere dieser Schmunzelgeschichten sollen an dieser Stelle noch zum besten gegeben sein.

So gab in Stadtamhof ein Mann sein altes Gerümpel wie Matratzen usw. bei der Walhallabahn auf. Weil die Sachen aber mit Ungeziefer verseucht waren, mußte ein besonderer Waggon gestellt und anschließend durch den Kammerjäger in der Desinfektionsanstalt entwest werden. Zum Schluß kostete der ganze Transport zur großen Überraschung des Absenders das Zehnfache dessen, was das Gelumpe selbst wert war.

Bei meinen Gesprächen mit alten Eisenbahnern dieser Strecke erzählte mir der Lokomotivführer Eduard Pfaffenzeller eine Episode, die hier hereinpaßt. Eduard Pfaffenzeller fuhr als Fahrgast zum Diensteinsatz nach Wörth a. D. und hatte seinen Dackel dabei. Bei dem heißen Wetter waren die Waggonfenster geöffnet. Bei Wiesent sprang der Dackel plötzlich aus dem Fenster und weg war er. Die ganze Aufregung war schließlich umsonst, denn als der Zug in Wörth a. D. ankam, stand der Dackel bereits auf dem Bahnsteig und wartete auf seinen Herrn.

Neben Schimpf und Tadel wurde der Kleinbahn hin und wieder auch Anerkennung zuteil. So jedenfalls als in Zeiten schlecht geheizter Staatsbahnzüge ein Reisender bei eisiger Kälte auf die Walhallabahn umstieg, dort zum größten Gaudium der anderen Fahrgäste seine Stiefel auszog und sich seine halb erfrorenen Füße an der überschüssigen Hitze der so oft kritisierten Lokalbahn aufwärmte.

Lob gab es auch bei reibungsloser Abwicklung des Massenverkehrs anläßlich von Walhallafeiern oder anderen Festtagen.

Doch nochmals zurück zur Problematik des Bahnverkehrs in den Vororten.

Das Bockerl mit Volldampf und Vehemenz auf der Steilrampe der Regenbrücke

Schwerer Personenzug Richtung Stadtamhof bei der Lokalbahnstation Walhallastraße

Sehr in acht nehmen mußten sich dort die Marktfrauen mit ihren schweren Körben auf den engen Gehwegen in Reinhausen und Steinweg beim Herannahen der Lokalbahn. Die Züge streiften nicht selten an den breiten Körben und brachten die Frauen zu Fall. Wiederholt wurden dort auch abgestellte Fahrräder und Handwagen vom Bockerl erfaßt und demoliert.

Manchem wiederum fuhr die Walhallabahn zu rasant. „Die Lokalbahnzüge haben eine derart schnelle Fahrweise, daß das größte Unglück geschehen könnte", befürchteten sie.

Die erhitzten Gemüter beruhigen sich wieder

Wegen verschiedener Bahnunfälle und fortwährend erhobener Klagen führte die Generaldirektion der K. B. Staatseisenbahnen im Juli 1906 eine gründliche Bahnkontrolle durch. Sehr zum Mißfallen der Widersacher stellte die Kommission jedoch einen guten Zustand der Bahn fest. Die Lokalbahn-Aktiengesellschaft betrachtete die Aktionen als planmäßige Hetzerei und erkannte bald, daß die ganzen Angriffe nur auf eine Beseitigung des Dampfbetriebes abzielten. Trotz des energischen Vorgehens gelang es jedoch damals nicht, die Schmalspurbahn aus der Stadt zu verbannen.

1906 tauchte der Vorschlag auf, die Walhallabahn auf elektrischen Betrieb umzustellen. Hinter diesem Vorschlag standen das Bezirksamt und die Gemeindeverwaltungen, nachdem sowohl der Versuch, die Bahn ganz loszuwerden, als auch die Bemühungen um Einbeziehung in das Straßenbahnnetz gescheitert waren. Die Direktion in München trat diesem Plan auch näher und befaßte sich bereits mit dem Bau einer eigenen Kraftzentrale an der Walhallastraße, von wo auch Strom zu Licht- und Kraftzwecken für die Gemeinden längs der Bahnlinie geliefert werden sollte. Stadtamhof lehnte einen Strombezug ab, da man dort erst 1898 auf Auersches Gasglühlicht umgestellt hatte. Letzten Endes scheiterte das Vorhaben an ungenügender Rentabilität. Von Interesse ist auch der Strompreis aus der damaligen Zeit, der mit etwa 0,50 M pro Kilowattstunde für Lichtstrom und mit 0,20 M für Kraftstrom in Rechnung stand. Ebenso blieb 1908 ein schon weit gediehenes Projekt für einen neuen Abgangsbahnhof in Steinweg erfolglos.

Mit einer Elektrifizierung dieser Strecke hatte sich die Lokalbahn-Aktiengesellschaft im Interesse eines umweltfreundlichen Bahnbetriebes schon vor der Jahrhundertwende befaßt. Nachdem Wasserkräfte für die Erzeugung der elektrischen Energie fehlten, wurden seinerzeit Gasmotoren als Antriebsaggregate in Erwägung gezogen.

Der Wunsch nach Ersatz der Dampfbahn keimte immer wieder auf. Neuen Auftrieb bekamen diese Bestrebungen 1909, als die Straßenbahn in das Eigentum der Stadt überging. Die Lokalbahn-Aktiengesellschaft lehnte es jedoch strikt ab, die Straßenbahn auf ihrem Gleis fahren zu lassen. Nach einem letzten, 1912 von Reinhausen unternommenen Vorstoß verstummten die Forderungen aus der Vorstadt, und die Walhallabahn bekam wieder einigermaßen Ruhe.

Hie und da traten die alten Aversionen wieder hervor, bis die Lokalbahn-Aktiengesellschaft schließlich 1933 ihren Betrieb auf der Teilstrecke Stadtamhof – Reinhausen einstellen mußte. Nur während des I. Weltkrieges und in der folgenden Notzeit ließ man die Walhallabahn in Ruhe. Da war man froh, daß man sie hatte.

Dem entgleisten Bockerl (Lok 64) wird mit schwerem Gerät zu Leibe gerückt

Gasthaus zur Walhallabahn in Steinweg, davor die sogenannte Weigl-Weiche für die Abzweigung des Zinstag-Gleises. Auf dieser Weiche hat sich so manche Betriebsunregelmäßigkeit ereignet

Häufige Entgleisungen und Zuglaufstörungen
Verbesserung der Betriebssicherheit

Probleme mit der Laufsicherheit

Mit der Laufsicherheit der kleinen Bahn stand es nicht zum besten. In vielen Fällen handelte es sich nur um einfache Entgleisungen. Es kamen aber auch spektakuläre Betriebsunfälle vor. Wiederholt stürzte eine Lok den Damm hinunter. Durch verschiedene Maßnahmen versuchte die Bahn, das Problem in den Griff zu bekommen. Ohne Entgleisungen ist es auf der Walhallabahn aber zu keiner Zeit ganz abgegangen.

Schon einen Tag nach der offiziellen Inbetriebnahme der Dampftrambahn nach Donaustauf – die Begeisterung war noch groß – kam es zum ersten Malheur, als vor Donaustauf zwei Wagen eines Zuges entgleisten und die Fahrgäste ordentlich durchgeschüttelt wurden.

Nach der Jahrhundertwende häuften sich die Entgleisungen als Folge des vermehrten Zugverkehrs. Als am 5. Januar 1902 der Nachmittags-Personenzug am Ortsende von Reinhausen durch die dortige Kurve fuhr, kam es zum Eklat. Die Trambahnlok hüpfte plötzlich aus den Schienen und kippte den Damm hinunter. Zum Glück riß die Zugeinrichtung, so daß die vollbesetzten Wagen auf dem Gleis blieben. Lokführer und Heizer wurden schwer verletzt. Geistesgegenwärtig öffnete der Führer noch alle Dampfventile, um einer Kesselexplosion vorzubeugen. Die Nachricht verbreitete sich in Windeseile, und das verunglückte Bockerl lockte viele Neugierige an. Obwohl eine Expertenkommission aus München an Ort und Stelle recherchierte, blieb die Entgleisungsursache ungeklärt. Als ich mich Ende der sechziger Jahre erstmals mit dem Thema Walhallabahn befaßte, konnten sich alteingesessene Bürger von Steinweg und Reinhausen noch an diesen Unglücksfall erinnern. Dabei war auch von Sabotage die Rede.

Die Frage der Fahrsicherheit auf der Regenbrücke hatte sich bereits 1903 zu einem aktuellen Thema entwickelt. Im Juli 1903 ließ sich das Regensburger Tagblatt vernehmen, daß wieder einmal ein Zug an der kritischen Stelle der Bahn, der Auffahrt zur Regenbrücke in Steinweg, entgleist sei, und daß fast keine Woche vergeht, daß nicht solche Entgleisungen stattfinden. Höchste Zeit, hier Remedur zu schaffen, lautete das Resümee.

Schwere Rückschläge für die Bahn

Mitte 1906, als die Polemik gegen die Walhallabahn ihren Höhepunkt erreichte, kam es zufällig innerhalb kurzer Zeit zu einer Häufung schwerer Betriebsunregelmäßigkeiten.

Bei Demling-Steinbruch fuhr am 10. Mai 1906 ein Zug in eine Übermurung des Bahngleises. Nun ging es Schlag auf Schlag. Am 22. Mai 1906 sprang auf der Regenbrücke bei einem Personenzug ein Güterwagen aus. Größeres Aufsehen erregte die folgende Entgleisung, ebenfalls auf der Regenbrücke, am 16. Juli 1906, bei der es zu einer brenzligen Situation kam. Tags darauf gab es eine schwere Entgleisung bei Sulzbach a. D. An der Einfahrweiche entgleiste der Personenzug 114 mit der Lok und drei Wagen. Es gab einen gewaltigen Ruck. Die Maschine lag quer auf dem Bahndamm, ein Wagen war umgestürzt. Das Lokpersonal erlitt Verbrühungen durch ausströmenden Dampf. Im Zug befand sich Apotheker Essenwein aus Wörth a. D., der sogleich Erste Hilfe leistete. Von den arg gebeutelten Fahrgästen waren wenig schmeichelhafte Äußerungen gegen die Bahnverwaltung zu hören. Anderntags gab's dann von der Presse noch eins drauf: „Wenn da nicht bald Abhilfe geschaffen wird, wenn die Aktiengesellschaft bloß auf den eigenen Säckel, nicht aber auf das Wohl und die Sicherheit des reisenden Publikums schaut, dann kann man sich so einem Bockl nicht mehr anvertrauen. Da wäre es ja nötig, zuvor ein Testament zu machen, bevor man nach Regensburg oder Wörth a. D. fährt." Eine Zugtrennung bei Wiesent rundete die Unfallserie ab.

In dieser Zeit gab es für den Störungstrupp der Betriebswerkstätte in Donaustauf viel zu tun. Mit Winden und anderem Gerät rückten die Aufgleisungsspezialisten dem müde gewordenen Dampfroß oder dessen Wagen zu Leibe, um das Bähnchen wieder flottzumachen.

Auf die Unfallhäufung aufmerksam geworden, ordnete das Verkehrsministerium eine gründliche Kontrolle der Bahn an. Die Ursachen der schweren Entgleisungen auf der Regenbrücke und bei Sulzbach a. D. blieben letztlich im Dunkeln. Trotz der Vorfälle bescheinigte die Untersuchungskommission einen guten, betriebssicheren Zustand der Bahnanlage, eine vorschriftsmäßige Durchführung des Betriebes und einen betriebssicheren Zustand der Fahrmittel.

Verbesserung der Betriebssicherheit

Nach den Kalamitäten des Jahres 1906 führte die Bahn-AG Maßnahmen durch, die die Betriebssicherheit verbesserten. In der Brückenauffahrt in Steinweg optimierte sie die Gleislage. Die Anbringung von Spitzenverschlüssen an den Weichen brachte eine wesentliche Sicherheitsverbesserung.

Die Radbandagen der Lokomotiven wurden von 15 auf 18 mm Spurkranzhöhe abgedreht. Dadurch wurde die Spurführung sicherer.

Die Mehrzahl der Rangierentgleisungen hatte ihre Ursache in der Art der ursprünglichen Zug- und Stoßeinrichtung, durch die

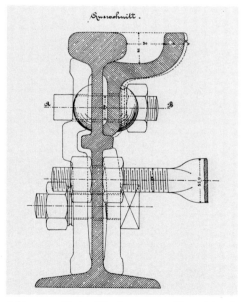

Schienenprofil des Oberbausystems Hartwich mit angenieteter Leitschiene. Schienen dieses Systems wurden beim Bahnbau Stadtamhof – Donaustauf als Rillenschienengleis in der Straßenstrecke verlegt

beim Schieben ein starker Seitendruck entstand. Ein Umbau beseitigte den Mangel. Der besseren Laufsicherheit der Eisenbahnzüge und der Straßenfuhrwerke diente die Auswechselung des alten Rillenschienengleises System Hartwich gegen den stärkeren Phönix-Oberbau. Die Hartwich-Schienen hatten sich als zu leicht erwiesen und waren gegen Querkräfte nicht steif genug. Die angenieteten Leitschienen verbogen sich unter der Last schwerer Fuhrwerke. In den so verbreiterten Fahrrillen verfingen sich die Räder von Straßenfuhrwerken. Größere Sicherheit brachte auch eine Verstärkung des Querschwellen-Oberbaues zwischen Reinhausen und Donaustauf.

Zuglaufstörungen auf der sogenannten Weigl-Weiche und weitere Entgleisungen

Eine Stelle, an der sich oft Zuglaufstörungen zutrugen, war die Abzweigweiche für das Zinstag-Gleis in Steinweg, die sogenannte Weigl-Weiche. Dortige Entgleisungen hatten meist eine Sperrung des gesamten Straßenverkehrs zur Folge. Ein kurioser Vorfall ergab sich beim Personenzug 106 von Stadtamhof am 25. Juli 1911. Als der aus Lok 67 und den Wagen C 783, C 782, C 46, BC 555 und P. P. 593 bestehende Zug die Weigl-Weiche von der Weichenspitze her befuhr, stellte sich die Weiche plötzlich zwischen Lok und erstem Wagen von selbst um. Die Zugkupplung

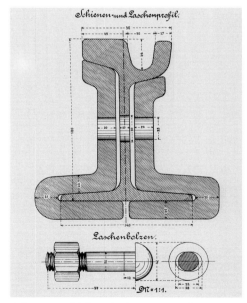

Schienenprofil des Oberbausystems Phönix. Der zu leichte Hartwich-Oberbau wurde später durch den Oberbau des Systems Phönix ersetzt

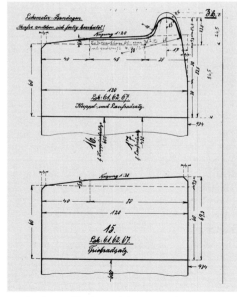

Radreifenprofile der Lok 61, 62 und 67. Zur Verbesserung der Laufsicherheit wurden die Spurkränze der Kuppel- und Lauf räder in ihrer Höhe vergrößert

riß ab, und die Garnitur rollte ins Zinstag-Gleis, während die Lok Richtung Regenbrücke zum Stehen kam.

Auch nach Durchführung der Verbesserungen traten Entgleisungen weiterhin auf. Da sprang auf dem Zinstag-Gleis die Lok aus, stürzte die steile Böschung hinab und riß einen Waggon mit. In einem anderen Fall entgleiste ein in einem Personenzug mitlaufender Viehwagen in Stadtamhof, weil sich das Vieh im Wagen losgerissen hatte.

Entgleisungen im Rollbockverkehr

Der Rollbockverkehr mit den kleinen Rollbockrädern, der hohen Schwerpunktslage der aufgebockten Wagen und mit einer Übertragung der Längskräfte im Zug durch Steifkupplungen hatte seine Tücken. Rollbockeinheiten sind oft entgleist, und die Wagen nicht selten umgestürzt. Auf zwei gravierende Unregelmäßigkeiten wird kurz eingegangen.

Als am 2. Februar 1914 der Rangierzug 1 die Bahnunterführung passiert hatte, kam die Maschine auf den vereisten Schienen ins Schleudern. Nach Zurückdrücken und Wiederanfahren rissen die Gabeln eines Rollbocks, die die Achse des Waggons fixierten, ab, und der mit 15 t Kohlen beladene Wagen fiel vom Rollbock.

Mit erheblichen Störungen des Zugverkehrs war ein schwerer Unfall eines Rollbockzuges am 16. Mai 1924 verbunden. Der Güterzug 133, Wörth a. D. – Walhallastraße, hatte in Sulzbach a. D. mit Flußspat beladene Reichsbahnwagen eingestellt. Der schwere Güterzug hatte die Haltestelle Tegernheim passiert, als die Lok wegen eines Gewitterregens ins Schleudern geriet. Plötzlich ging mit einem lauten Krachen ein schwerer Ruck durch den Zug. Im vorderen Zugteil waren die Rollböcke von zwei Reichsbahnwagen entgleist und die Wagen umgestürzt. Der Packwagen hob sich und stellte sich quer. Dem Betrachter bot sich ein chaotisches Bild. Bei einem solchen Haufen war die Kleinbahn mit ihren Hilfsmitteln überfordert. Die Betriebsverwaltung in Donaustauf forderte bei der Betriebswerkstätte Regensburg den dortigen Requisitenwagen an. Während der Bergungsarbeiten wurde der Personenverkehr im Notbetrieb durch Umparkieren aufrechterhalten. Im Abschnitt Unfallstelle – Stadtamhof mußten hierfür Viehwagen eingesetzt werden, da dort anderes Wagenmaterial nicht zur Verfügung stand.

Ausrüstung für Unfallbeseitigung

Für Sofortmaßnahmen bei Unfällen und Betriebsstörungen führte jeder Zug entsprechendes Material und Gerät mit sich. Dazu gehörten eine Axt, eine Handsäge, Fackeln und zwei rote Fahnen im Packwagen sowie eine schwere Winde mit Unterlagshölzern und Radkeilen auf der Lok. Damit konnte das Zugpersonal entgleiste Fahrzeuge in einfachen Fällen selbst einheben. Für schwere Unfälle stand in Donaustauf ein Hilfsgerätewagen bereit. Leiter der Einhebearbeiten bzw. der Rettungsarbeiten war der Werkstättenvorsteher der Eisenbahnwerkstätte Donaustauf. In dringenden Fällen hatten sich alle abkömmlichen und dienstfreien Angestellten beschleunigt zur Hilfeleistung am Bahnhof Donaustauf einzufinden. Bei großen Bahnunfällen wurde der Hilfsgerätewagen der Staatsbahn bei der Betriebswerkstätte Regensburg angefordert.

*Privatbahnaufsicht durch
die Eisenbahndirektion*

Die Eisenbahndirektion Regensburg führte die staatliche Aufsicht über den Bau und Betrieb der Walhallabahn durch. In wichtigen Angelegenheiten schalteten sich auch übergeordnete Instanzen ein. Mit dem Übergang der Ländereisenbahnen auf das Reich gab es bei der Reichsbahndirektion Regensburg einen Reichsbevollmächtigten für Privatbahnaufsicht. Der Staat hatte sich gegenüber den Privatbahnen weitreichende Kompetenzen vorbehalten. Alle Umbau- und Erweiterungsmaßnahmen, die Beschaffung neuer Betriebsmittel etc. unterlagen der behördlichen Genehmigung.

Zu den Aufgaben der Privatbahnaufsicht gehörte auch die Überwachung des Anlagevermögens der Privatbahnen. Hierüber wurde ein sogenanntes Baukonto geführt, in dem die Anlagenwerte fortgeschrieben wurden. Im Falle einer Verstaatlichung war der aktuelle Stand des Baukontos maßgebend für die vom Staat zu leistende Ablösung.

*Alljährliche Bahnbereisung,
ein Amtszeremoniell*

Zur Überwachung der Bahnanlagen und Fahrzeuge sowie des Bahnbetriebes führte eine Kommission der Eisenbahndirektion Regensburg alljährlich eine Streckenbereisung der Walhallabahn durch, an der leitende Herren der Lokalbahn-Aktiengesellschaft aus München teilzunehmen hatten. Die Betriebsverwaltung in Donau-stauf hatte hierzu einen Sonderzug zur Abfahrt in Stadtamhof bereitzustellen. Diese Revisionsfahrten hatten fast zeremoniellen Charakter. Die Gestellung von vorzüglichem Wagenmaterial, bespannt mit einer vorher gründlich untersuchten Lokomotive und der Einsatz von absolut tüchtigem Fahrpersonal lagen auch im Interesse der Bahn. Eine Zuglaufstörung durch Dampfmangel oder Lokschaden konnte sich die Bahnverwaltung beim Bereisungssonderzug nicht leisten. Neben dem Betriebsleiter hatten auch der Werkstättenleiter und der Bahnmeister präsent zu sein. Einmal traf es zu, daß Vater und Sohn, nämlich Johann Gomeier als Führer und Josef Gomeier als Heizer, diesen Zug fuhren.

Der Walhallabahnangestellte Johann Rösch erinnerte sich noch genau an die peniblen Vorbereitungen für diese Herrenzüge. Der Personenwagen wurde auf Hochglanz geputzt und die Messingstangen an den Einstiegen blank poliert. Alles mußte tipptopp sein, um die hohen Herren wohlwollend zu stimmen.

Morgens wurde der Sonderzug in Leerfahrt von Donaustauf nach Stadtamhof überführt. Dort erwartete der Betriebsleiter die Herren. Bis 1919 fuhr der Kommissionszug auch das Zinstag-Gleis ab.

Nach der Retourfahrt von Kareth folgte die Bereisung der Stammlinie mit Zwischenhalten auf den größeren Betriebsstellen. Eine zweistündige Fahrtunterbrechung in Donaustauf diente der Überprüfung der dortigen Betriebseinrichtungen und der Fahrzeugwerkstätte. Von Wörth

a. D. ging's dann in rascher Fahrt zurück nach Stadtamhof, denn die Herren wollten noch einen günstigen Zug zurück nach München erreichen.

Die Bahnverantwortlichen atmeten kräftig durch, wenn sich die Beamten in Stadtamhof verabschiedet hatten. Doch selten bestand Grund zu großer Aufregung, da die Untersuchungen gewöhnlich ohne schwerwiegende Reklamationen abliefen. Die Aufsichtsorgane wußten um den schweren Stand der Walhallabahn im Kreuzfeuer ihrer Gegner.

Kontrollen außer der Tour

Manchmal fielen Kontrollen aus der Reihe, wenn z. B. ein übereifriger Bahnbeam-ter der Eisenbahndirektion während eines Sonntagsspazierganges anonym so beiläufig Kontrollen vornahm und z. B. auf dem Dultplatz unter Dampf stehende Maschinen abgestellt vorfand und vergeblich nach dem Lokpersonal Ausschau hielt.

Die postwendend folgende Anzeige bei der Betriebsverwaltung konnte das Lokpersonal aber nicht in Verlegenheit bringen. Es war Usus, daß sich das Personal bei der Lokabstellung auf dem Dultplatz so auf dem Führerstand niederließ, daß es ohne Besteigen der Lok nicht gesehen werden konnte. Wahrscheinlich hatte der pflichtbewußte Beamte Führer und Heizer bei der Brotzeit in irgendeinem der Wirtshäuser in Stadtamhof vermutet.

Auf die Abfahrt wartender Güterzug auf dem Bahnhof Wörth a. D., bespannt mit Lok 63 (um 1925)

*Verkehrssteigerung und
knapp werdende Ressourcen*

Die Jahre vor dem I. Weltkrieg gelten von
der Verkehrsentwicklung her als die Blütezeit der Walhallabahn. In allen Verkehrs-
arten ging es aufwärts.
Diese Zeit gilt allgemein als eine der her-
ausragenden Epochen des Eisenbahnzeit-
alters. Das Netz der Hauptstrecken hatte
längst seine endgültige Struktur, die meisten Lokalbahnen standen bereits im Betrieb, und die Maßnahmen zur Leistungs-
steigerung durch doppelgleisigen Ausbau
von Strecken, Erbauung leistungsstarker
Rangierbahnhöfe und großer Zentralbahn-
höfe etc. waren praktisch abgeschlossen.
Auch die Walhallabahn hatte ihren end-
gültigen Ausbauzustand fast erreicht.
Verschiedene Tarifmaßnahmen hatten sich
positiv im Personenverkehr ausgewirkt.
Eine Tarifreform zum 1. Mai 1907 mit Fahr-
preisermäßigungen in der 2. und 3. Klasse
kam vor allem der Lokalbevölkerung zugu-
te. Die Einführung ermäßigter Sonntags-
fahrkarten ab 1. Mai 1909 belebte den Aus-
flugsverkehr.
Schon vorher mußten bei jedem stärkeren
Personenverkehr Güterwagen mit Sitz-
bänken in die Personenzüge eingestellt
werden. Ähnlich prekär war die Lage bei
den Packwagen, nachdem die Abfertigung
von Reisegepäck, Expreßgut und von
Kleinvieh stark zugenommen hatte. Eine
Beförderung von Marktgütern, Traglasten,
Brotsendungen und Bierfässern auf den
Wagenplattformen galt als Normalfall.
Eine Zusammenladung von Kleinvieh und

Lebensmittelsendungen in einem Packraum konnte dagegen nicht länger toleriert
werden. Die Beschaffung von vier Personenwagen und eines Packwagens mit Klein-
viehabteilung 1909 entsprach einem dringenden Bedürfnis.

*Höchstleistungen
an Ostern und Pfingsten*

Mit dem vorhandenen Wagenmaterial konnten an Sonn- und Feiertagen drei Zuggarnituren gebildet werden. Der ständige Verkehrszuwachs erforderte 1912 eine aber-
malige Erhöhung des Sitzplatzangebotes
durch Anschaffung von drei weiteren Personenwagen. Für den Massenverkehr an
den Hochfeiertagen Ostern und Pfingsten,
an denen bei schönem Wetter mit 5 Garni-
turen gefahren wurde, reichte der Wagen-
park aber immer noch nicht aus, und
mußten nach wie vor Reisende auch in
Güterwagen befördert werden. Die großen Beförderungsleistungen der kleinen
Bahn an Ostern und Pfingsten fanden ho-
hes Lob und Anerkennung.
Die besten Verkehrsergebnisse im Personenverkehr vor dem I. Weltkrieg brachte das
Jahr 1910 mit der Oberpfälzischen Kreisausstellung und der Moltkefeier auf der
Walhalla. Die aus Anlaß der Hundertjahr-
feier der Befreiungskriege abgehaltenen
Veranstaltungen in Kelheim belebten auch
den Walhallabahnverkehr. In diese Zeit-
spanne fielen manche Großereignisse auf
der Walhalla, wie die Enthüllung der Bü-
sten Bismarcks und Richard Wagners, die

der Walhallabahn Höchstleistungen abverlangten. An Pfingsten 1914 frequentierten 12 623 Fahrgäste die Bahn. Solche Verkehrsleistungen konnten nur unter Einsatz aller verfügbaren Ressourcen erbracht werden. Analog verlief die Entwicklung im Güterverkehr, dessen Aufkommen sich von 1905 bis 1913 um 30 000 t erhöhte, was eine sukzessive Vermehrung des Transportraumes notwendig machte. Besonders bei der geschlossenen Wagenbauart herrschte trotz Einstellung neuer Wagen ein permanenter Wagenmangel. Die Wagenlage entspannte

sich erst mit der Aufnahme des Rollbockverkehrs.

Eine Verstärkung der Zugkräfte war eine logische Konsequenz dieser Entwicklung. Trotz prosperierenden Verkehrs ließ die Rentabilität zu wünschen übrig, denn wesentlich stärker als die Einnahmen stiegen die Betriebsausgaben durch eine allgemeine Teuerung in den Personal- und Materialkosten. 1911 betrug die Verzinsung des Aktienkapitals der Walhallabahn gerade mal 3,2 %. Auch mit dem Kurs der Gesellschaftsaktien stand es nicht zum besten.

Voll ausgelasteter Personenzug in der Drehergasse zu Steinweg. Der starken Rauchfahne nach zu schließen, hat der Heizer reichlich Steinkohle frisch aufgelegt. Die zur Vermeidung der Rauchgasbelästigung in den Vororten vorgeschriebene Verfeuerung von Koks war im schweren Zugbetrieb nicht praktikabel

Unzufriedenheit mit den Tarifen

Die in Wörth a. D. an die Erbauung der Bahn geknüpften Erwartungen erfüllten sich nicht in dem erhofften Maße. Die als außerordentlich hoch bezeichneten Tarifsätze standen im Mittelpunkt der Kritik und galten als Ursache für die unbefriedigende Verkehrsentwicklung. Schon drei Jahre nach der Bahneröffnung hielt man in Wörth a. D. die Zeit für reif, geeignete Schritte einzuleiten. Unterm 29. Dezember 1905 beantragten die beiden Gemeindekollegien beim Verkehrsministerium eine Übernahme der Walhallabahn durch den Staat, um so in den Vorteil der niedrigeren Lokalbahntarife der K. B. Staatseisenbahnen zu kommen.

In Falkenstein wurde eifrig ein Bahnprojekt Wutzlhofen – Falkenstein betrieben. Gelang es, den Staat für eine Alternativlinie Wörth a. D. – Falkenstein als Verlängerung der Walhallabahn zu gewinnen, so mußte die Verstaatlichung dieser Linie eine zwangsläufige Folge sein, so die strategischen Überlegungen in Wörth a. D. Der ersten Bitte folgte deshalb eine zweite, nämlich die auf Erbauung der Falkensteiner Bahn von Wörth a. D. aus.

Die Staatsregierung hatte gute Gründe, die Petition abzulehnen. Man war nicht gewillt, sich in ein Verlustgeschäft hineintreiben zu lassen. Ein Eingehen auf den Antrag hätte dazu geführt, Bahnen von nur örtlicher Bedeutung zunächst als private Unternehmen ins Leben zu rufen, in der Hoffnung, daß sie alsbald vom Staat abgelöst und den staatlichen Lokalbahnen gleichgestellt würden.

Auch die Lokalbahn-Aktiengesellschaft war mit der betriebswirtschaftlichen Entwicklung ihrer Linie nach Wörth a. D. nicht zufrieden. Seit der Verlängerung hatte sich die Verzinsung ihres Anlagekapitals für die Walhallabahn verschlechtert.

Durch die Ablehnung des Antrages auf Verstaatlichung erledigte sich das Petitum auf Herstellung der Falkensteiner Bahn als Verlängerung der Walhallabahn von selbst. Im übrigen waren die Planungen für Wutzlhofen – Falkenstein schon weit fortgeschritten und sollten die bedeutenden Granitsteinbrüche bei Roßbach unbedingt in den Bahnverkehr gebracht werden.

Deutliche Abfuhr durch Verkehrsminister Frauendorfer

Es dauerte nicht lange, bis die Marktgemeindeverwaltung ihren Antrag an den Verkehrsminister erneuerte. Dem Antrag auf Verstaatlichung der Walhallabahn fügte sie nun die alternative Bitte an, die Lokalbahn-Aktiengesellschaft möchte veranlaßt werden, auf der Walhallabahn die Fahrpreise und Güterfrachten nach dem Vorbild der staatlichen Lokalbahntarife zu regeln. Der Marktgemeindeverwaltung wurde diesmal von Verkehrsminister Frauendorfer höchstpersönlich unterm 11. Dezember 1907 eine deutliche Abfuhr erteilt. Der Minister konnte sich der Auffassung Wörths nicht anschließen, daß durch den Privatbetrieb dieser Bahn die Entfaltung einer regeren Geschäftätigkeit verhindert würde. Er unterstrich, daß durch den Ausbau der

Walhallabahn die Erwerbstätigkeit des gesamten unterhalb Donaustauf gelegenen Landstriches ganz wesentlich gefördert worden sei und durch den neuen Schienenweg im besonderen den land- und forstwirtschaftlichen Erzeugnissen jener Gegend eine lohnende Verwertung gesichert sei.

1913 kam das Thema erneut auf die Tagesordnung. Eine Gruppe um den Abgeordneten Lang brachte in die Kammer der Abgeordneten den alten Antrag auf Ablösung der Walhallabahn durch den Staat ein. Nach einer Vergleichsberechnung hätte ein staatlicher Walhallabahnbetrieb dem Fiskus ein jährliches Defizit von rund 30 000 M beschert. Der Antrag scheiterte schließlich am 1. August 1914, dem Tag des Kriegsausbruches, in der Kammer der Reichsräte.

Auch ein letzter Versuch, nach dem Krieg, blieb ergebnislos. Es wurde vergeblich versucht, den Reichsverkehrsminister nach der Verreichlichung der Ländereisenbahnen auch zur Übernahme der Privatbahnen auf das Reich zu veranlassen.

Güterzug mit Lok 63 nach beendeter Zugbildung in Wörth a. D. (um 1925)

Während des I. Weltkrieges

Die gute alte Zeit geht zu Ende

In eine noch unbeschwerte und friedliche Zeit fiel das silberne Bahnjubiläum. Festlich geschmückt lief am 23. Juni 1914 der Morgenzug in Stadtamhof ein. Auf dem Bahnhof Donaustauf, am Fuß des Burgberges, stellte sich die Belegschaft stolz dem Fotografen. Ein letztes Mal für lange Zeit hatte die Walhallabahn an Pfingsten 1914 nochmals Rekordeinnahmen zu verzeichnen.

Als wenige Wochen später der Weltkrieg jäh entbrannte, mußte mancher des Personals die Dienstuniform gegen den Waffenrock tauschen.

Während der Mobilmachung herrschte auch auf der Eisenbahn von Wörth a. D. nach Regensburg Hochbetrieb.

Doch lassen wir hierüber einen Zeitgenossen, nämlich Herrn Alois Schneider, kurz berichten:

„Nachdem de Gemeindediener den Mobilmachungsbefehl bekanntgegeb'n hatt'n, mußt'n sich de Reservist'n schnellstens in der Kasern' meld'n. Auf de Bahnhöf' hat's einen groß'n Menschenauflauf geb'n und alle Kirch'nglock'n hab'n ganz stürmisch g'läut't. De Geistlich'n war'n im Festornat mit de Ministrant'n dort und hab'n den einrückenden Soldaten den kirchlich'n Seg'n geb'n. De endlos langen Züg' mit gleich zwölf und mehr Waggons war'n g'strotzt voll und an all'n Trittbrett'ln sind's drang'hängt. Viel' hab'n nimmer mitfahr'n können und mußt'n den langen Weg nach Regensburg z'Fuß zurückleg'n."

Schlaglicht auf das große Verkehrsgeschehen

Die Mobilmachung des deutschen Heeres brachte für die deutschen Eisenbahnen eine bis dahin nie dagewesene Herausforderung. Die massenhaften Militärtransporte in die Aufmarschgebiete liefen mit der Präzision eines Uhrwerkes ab. Als in den letzten Julitagen des Jahres 1914 sich die Gefahr eines Kriegsausbruches immer drohender abzeichnete, hatten sich die K. B. Staatseisenbahnen bereits auf den Ernstfall eingestellt und die erforderlichen Maßnahmen getroffen. Schadhafte Lokomotiven und Waggons wurden beschleunigt ausgebessert, Beschränkungen in der Benutzung von Stations- und Streckengleisen beseitigt, die Bahnbewachung zum Schutz wichtiger Bahnobjekte angeordnet usw.

Den Aufmarschtransporten ging ein Rückreiseverkehr von Ferienreisenden und Sommerfrischlern voran, wie ihn die bayerischen Eisenbahnen in diesem Ausmaß noch nicht erlebt hatten und der sich in seiner Auslaufphase mit den anlaufenden Mobilmachungstransporten überlagerte. Alles versuchte noch vor Einstellung des Friedensfahrplanes die Heimat zu erreichen.

Erste Kriegsauswirkungen auf der Walhallabahn

Die kleine Bimmelbahn bei Regensburg hatte mit diesen großen Transportabläufen freilich wenig zu tun. Während der Mobil-

25jähriges Betriebsjubiläum in Donaustauf am 23. Juni 1914

Der Jubiläumszug in Steinweg

machung lief auf der Walhallabahn der Zugbetrieb wie in der Friedenszeit weiter, während auf der Staatsbahn der öffentliche Zugverkehr fast vollständig eingestellt werden mußte.

Schon bald machten sich die Kriegsauswirkungen auch auf dieser Bahn bemerkbar, als die Rekrutierung von Bahnangestellten und Sparsamkeitsgründe ab 1. September 1914 eine drastische Einschränkung des Fahrplans notwendig machten.

Nur noch dreimal am Tag dampfte der Personenzug von Stadtamhof nach Wörth a. D. Die zahlreichen Fahrten nach Donaustauf fielen ganz aus, da der Fremdenbesuch zur Walhalla fast völlig zum Erliegen kam. Ein Besuch in der Stadt wurde nun zu einer Tagesreise. Wegen der spärlichen Fahrgelegenheiten nahm jetzt auch der Güterzug Personen mit.

Anfang Oktober 1914 gab es kleine Fahrplanverbesserungen. Der Güterverkehr blieb ebenfalls zurück, vor allem die bedeutenden Ziegeltransporte von der Zinstag-Ziegelei in Kareth ließen zunächst stark nach.

Kriegswirtschaft bei der Eisenbahn

Wie Industrie und Gewerbe hatten auch die Eisenbahnen zunehmend mit den Schwierigkeiten in der Materialversorgung zu kämpfen. Bei den für die Lokomotiv- und Wageninstandhaltung wichtigen Materialien Kupfer, Messing, Rotguß und Weißmetall trat eine große Verknappung ein. Solche Metalle wurden dringend für die Munitionsherstellung benötigt. Schon frühzeitig unterlagen diese Metalle als sogenannte Sparmetalle der Rationierung.

Die Not zwang zur Improvisation. Für die hochbeanspruchten Feuerbüchsen der Lokomotiven, seither nur aus Kupfer, kam nun auch Stahl zur Verwendung. Als Ersatzwerkstoff für Weißmetall und Rotguß, die Standardmaterialien für Fahrzeugachslager, griff man sogar auf Schmiedeeisen und Grauguß zurück. Der katastrophale Mangel an Sparmetallen zwang zu einschneidenden Beschaffungs- und Rationierungsmaßnahmen auch im zivilen Bereich. Die Eisenbahn-Werkstätten hatten ihre Vorräte auf ein Minimum zu reduzieren. Kupferdächer und Freileitungen aus Kupfer etc. mußten abmontiert und der Rüstung zugeführt werden.

Die Versorgung mit Lokomotivkohle funktionierte in den ersten Kriegsjahren noch einigermaßen, wenngleich sich die Kohlenqualität verschlechterte. Gemischt mit Kohle kam auch Koks zur Verfeuerung.

Schon frühzeitig litt der Zugbetrieb unter der Verknappung bei den Schmierstoffen. Nach Aufbrauch der Schmierölvorräte mußten Ersatzschmierstoffe mit minderer Schmierfähigkeit verwendet werden, mit der Folge einer rascheren Abnützung und eines schwergängigen Zuglaufes. All dies und die starke Personalreduzierung in den Bahnwerkstätten führten zu einem starken Verschleiß bei Lokomotiven und Waggons. Heißgelaufene Achslager mit schwerwiegenden Störungen des Betriebsablaufes gehörten zur Tagesordnung.

Der Verbrauch von Petroleum, damals unverzichtbar für die Signal- und Wagenbeleuchtung, mußte immer mehr eingeschränkt werden. Wo immer möglich, führte dies zur Abwicklung des Zugverkehrs während des Tages.

Mit all diesen Schwierigkeiten hatte man auch auf der Walhallabahn fertigzuwerden.

Auch vor dem rollenden Material der Lokalbahn machte die Kriegsmaschinerie nicht halt. So mußten 1915 14 Rollböcke leihweise an die Militärverwaltung abgegeben werden.

In dieser bitteren Zeit reisten viele Kriegswallfahrer aus Stadt und Land mit der Walhallabahn nach Wörth a. D., von wo sie zur Gnadenkirche Hl. Blut in Niederachdorf weiterpilgerten, um dort für den Frieden zu beten. Die jedes Jahr verkehrenden Pilgerzüge waren bis auf den letzten Platz besetzt, und wer kein Billett mehr bekam, der marschierte zu Fuß voraus. Als 1916 die Weltkriegsschlachten auf dem Höhepunkt tobten, nahm der Strom der Pilger nach Niederachdorf noch zu.

Die Walhallabahn vor dem Kollaps

Im dritten Kriegsjahr, 1917, stand der Walhallabahnbetrieb vor dem Zusammenbruch. Durch Freistellungen für den Militärdienst lag der Personalbestand an der untersten Grenze. Die Lokalbahn-Aktiengesellschaft war von der Erwartung ausgegangen, der Krieg würde nicht allzu lange dauern und der Verkehr würde stetig abnehmen. Wie bei der Staatsbahn, war nach dreijähriger Kriegszeit nun der Güterverkehr stärker denn je, und der Personenverkehr hatte fast den Umfang jenes von 1913 erreicht.

Durch Kriegslieferungen für die Erweiterung militärischer Anlagen hatten die Zinstag-Züge von der Ziegelei in Kareth derart zugenommen, daß die Leistungsfähigkeit der Bahn fast nicht mehr ausreichte. Durch eine dreijährige Überanstrengung befand sich das Personal in einem Erschöpfungszustand. Der anhaltend schwere Dienst und die schlechte Ernährung führten, wie beim Staatsbahnpersonal, bereits zu Erscheinungen einer fortschreitenden Apathie. Neben dem Fahrdienst hatte das Lokpersonal nun auch noch Fahrzeugreparaturen durchzuführen.

In dieser äußerst angespannten Lage versuchte die Militärbehörde, weitere Bahnbedienstete zu rekrutieren. Die Bahnverwaltung konnte schließlich die Militärverantwortlichen davon überzeugen, daß dies den Zusammenbruch des Bahnbetriebes auf der Walhallabahn bedeuten würde. Wiederholt faßte die Rekrutierungsstelle des III. Bayerischen Armeekorps nach, ohne jedoch Erfolg zu haben.

Mit Windeseile verbreitete sich die Nachricht vom Großbrand bei den Zinstag-Werken in Kareth, der die Fabrik in der Nacht vom 8. auf 9. Dezember 1917 vollständig vernichtete. Turmhoch loderten die Flammen in den nächtlichen Himmel empor und glutrot spiegelte sich der gewaltige Feuerschein in den Fluten des nahen Regenflusses. Ein Augenzeuge erinnerte sich, wie unter der gewaltigen Hitzeeinwirkung dieser Feuersbrunst die hohen Fabrikschlote bedenklich schwankten, aber dann doch standhielten. Von einzelnen Güterfahrten abgesehen, lag der Schienenweg am Regenufer nun brach darnieder.

Durch den Ausfall dieses Werkes verlor die Walhallabahn einen wichtigen Frachtzugang, denn über 20 000 t gebrannte Steine und Kohlen waren jährlich durch das Zinstagsche Fabriktor gerollt.

Kohlennot und dramatische Zuspitzung der Verkehrslage

Im ersten und zweiten Kriegsjahr hatten die deutschen Eisenbahnen den Verkehrsbedürfnissen noch zufriedenstellend gerecht werden können. Allmählich ließ dann aber

Die Vernichtung der Zinstag-Werke in Kareth durch den Großbrand vom 8. auf 9. Dezember 1917

die Leistungsfähigkeit der Eisenbahnen nach, während die zu bewältigenden Verkehrsleistungen im gleichen Maße zunahmen. Mit dem Wirksamwerden des sogenannten Hindenburg-Programms begann der Zusammenbruch der Dienstkohlenversorgung. Bereits im Winter 1916/17 stellte sich ein anhaltender Lokkohlenmangel ein. Im Herbst 1917 gelang es nicht mehr, einen genügenden Kohlenvorrat für den Winter anzusammeln, was seinen Grund in einem außerordentlichen Mangel an Laderaum hatte.

Die Schwierigkeiten in der Kohlenversorgung waren begleitet von weiteren Fahrplaneinschränkungen und Annahmesperren im Güterverkehr. Im Winter 1917/18 verschärften sich die Probleme dramatisch. Für Bayern spielte die Unterbrechung der Rheinschiffahrt im Winter mit herein, denn ein bedeutender Anteil des Kohlenbedarfs lief auf dem Wasserweg von der Ruhr bis zum Hafen Gustavsburg, wo auf die Bahn umgeschlagen wur-

de. Gerade in dieser schwierigen Zeit liefen nach dem Waffenstillstand im Osten die Vorbereitungen für die deutsche Entscheidungsoffensive im Westen mit einer massenhaften Truppenverlagerung von der Ost- an die Westfront. Mit diesen riesigen Militärtransporten war auch die wichtige Ost-West-Magistrale über Passau, Regensburg, Nürnberg und Würzburg bis aufs äußerste beansprucht.

Die Lokalbahn-Aktiengesellschaft, die ihre Lokkohle von der Saar bezog, hatte seit Mitte Dezember 1917 keine einzige Kohlenladung mehr erhalten. Bei einem monatlichen Kohlenverbrauch von 660 t ließ sich die restlose Aufzehrung der Vorräte bis Mitte Januar vorherbestimmen. Zudem hatte diese Bahnverwaltung nicht die Möglichkeit wie die Staatsbahn, von dem Beschlagnahmerecht auf Waggons mit Privatkohle Gebrauch zu machen, da auf ihren Linien Kohlensendungen kaum vorkamen.

Wenig verheißungsvoll begann das letzte

Kriegsjahr auch für das Bockerl, als der ohnehin schon stark eingeschränkte Fahrplan erneut gekürzt werden mußte, und nur noch eine Zugverbindung nach Wörth a. D. bestand. So kam es, daß Mitte Januar 1918, kurz bevor auch die deutschen Staatsbahnen eine völlige Verkehrssperre einlegten, der Walhallabahn schließlich der Dampf ganz ausging. Das erschöpfte Bähnchen brauchte wegen seiner restlos aufgezehrten Kohlenvorräte dringend eine Verschnaufpause. Erst nach mehrtägigem Stillstand nahm es seinen Dienst mit frischen Kräften wieder auf. Um diese Zeit fiel die Haltestelle in Steinweg bei der Bierbrauerei Auer der allgemeinen Kohlennot zum Opfer; sie wurde später nicht wieder eröffnet.

Als der Reichskohlenkommissar ab April 1918 für monatliche Kohlenzuteilungen an die Bahnverwaltungen sorgte, trat eine leichte Entspannung ein. Im Laufe des Sommers gelang es, wenigstens einen einmonatlichen Kohlenvorrat anzulegen. Im Juni 1918 hatte die Walhallabahn 44 t auf Lager, während der Monatsverbrauch bei 73 t lag. So frettete sich die Walhallabahn mit ihrem Kohlenvorrat bis zum Kriegsende durch. Die kleine Bahn war mit ihren Kräfte so ziemlich am Ende. Die jahrelange Überanstrengung von Personal und Fahrmitteln hatte ihren Tribut gefordert. Mancher vom Bahnpersonal war im Feld geblieben. Weitere Jahre großer Not und Einschränkungen standen bevor.

Friedensfahrplan und Kriegsfahrplan. Oben Sommerfahrplan 1914, unten Winterfahrplan 1917 mit extremer Fahrplanausdünnung

Ein Blick über den Zaun –
Zur Lage der Bayerischen Eisenbahnen
bei Kriegsende

Die Sperrung des Hafens Gustavsburg, wo die bayerische Lokomotivkohle auf die Schiene umgeschlagen wurde, die Behinderung der Rheinschiffahrt sowie Unruhen und Streiks in den Kohlenrevieren verursachten gleich nach dem Waffenstillstand den totalen Zusammenbruch der Kohlenversorgung. Ordnung und Disziplin im Bahnverkehr zeigten bedenkliche Verfallserscheinungen. Plünderung und Beraubung von Güterzügen waren an der Tagesordnung. Eingriffe von Soldatenräten in den Eisenbahnbetrieb störten die Abwicklung des Zugbetriebes. Heimkehrende Soldaten schwenkten rote Fahnen aus den Waggonfenstern mit der Folge von Verwechselungen mit Signalflaggen. Ungeduldige Militärs griffen mit Waffengewalt in das Betriebsgeschehen ein und erzwangen die Weiterfahrt unter Gewaltandrohung. Schießereien auf Bahnhöfen und aus Militärzügen gefährdeten die Sicherheit des Bahnpersonals.
Die Bayerischen Staatseisenbahnen mußten im Rahmen der Waffenstillstandsbedingungen im Dezember 1918 mehr als die Hälfte ihrer vorhandenen, schweren betriebsfähigen Güterzugloks an die Entente abliefern. Das verbliebene Fahrmaterial befand sich durch die ungeheuren Anstrengungen während des Krieges in einem schlimmen Zustand.
In dieser verzweifelten Lage standen die Eisenbahnen in Anbetracht des Rücktrans-

portes des Heeres, der Demobilmachung und der Beförderung der Kriegsgefangenen Richtung Heimat vor einer schier unlösbaren Aufgabe, wie sie nicht einmal während der Mobilmachung 1914 zu bewältigen war, wo der öffentliche Verkehr gänzlich ruhte und das Eisenbahnmaterial in einem guten Zustand vollständig vorhanden war.
Die Beförderungsleistungen konnten nur durch rigorose Einschränkung des öffentlichen Verkehrs erbracht werden. Mitte November 1918 nahm der Militärzugverkehr ständig zu. Bis Weihnachten wurden von den Bayerischen Staatseisenbahnen auf dem rechtsrheinischen Netz täglich 200 bis 300 Militärzüge gefahren. Am stärksten belastet waren die Bezirke der Eisenbahndirektionen Nürnberg und Würzburg, wo die Züge vom Westen kommend einbrachen. Der Rücktransport der Armee Mackensen aus Osteuropa mit der Truppensanierung in der Sanierungsanstalt Plattling brachte ab Mitte Dezember 1918 auch für den Regensburger Bezirk außerordentliche Belastungen. Bis zu 60 Militärzüge waren dort täglich zu bewältigen. Die Züge kamen über Passau und wurden in der Regel über Hof nach Norden abgefahren. Wegen Schwierigkeiten auf dem sächsischen Netz stauten sich die Züge bis Regensburg zurück, wo durch die Abgabe von Lokomotiven an die Entente erhebliche Bespannungsschwierigkeiten auftraten. Zu der extremen Inanspruchnahme durch die Truppenzüge überlagerten sich die Schwierigkeiten durch den stockenden oder ganz zum Erliegen kommenden Leer-

wagenrücklauf mit einer Überfüllung der Rangierbahnhöfe und Knotenstationen. Hinzu kam eine Häufung von Bahnbetriebsunfällen mit stundenlangen Streckenunterbrechungen und eine schleppende Kohlenzufuhr.

Ausschreitungen und Eingriffe in den Bahnbetrieb erschwerten die Betriebsabwicklung zusätzlich. Es ereigneten sich die unglaublichsten Vorfälle. Mit durchgeladener Waffe oder Handgranate erzwangen Truppenangehörige abgespannter Züge die Weiterfahrt mit requirierten Loks von Personenzügen, oder es wurde einfach eine Bahnhofslok in Beschlag genommen. Ein Soldatenrat befahl dem Lokpersonal eines wegen Dampfmangels liegengebliebenen Zuges das Auflegen von Kohle bis er es für genug hielt, duldete keinen Widerspruch, brüllte das Personal an, er werde ihm das Fahren schon beibringen und kommandierte die Weiterfahrt, bis dann nach wenigen Kilometern überhaupt nichts mehr ging. In Schwandorf gaben durchfahrende Truppen mehrere hundert scharfe Schüsse ab.

Gegen Ende Dezember 1918 schwächte sich der Militärverkehr allmählich ab. Die Bayerische Ländereisenbahn hatte ihre letzte große Bewährungsprobe bestanden. In den nun folgenden Notjahren hatten alle deutschen Eisenbahnen mit permanenten Schwierigkeiten zu kämpfen. Politische Unruhen, Streiks, der Niedergang des Wirtschaftslebens, ein Nachlassen der Arbeitsmoral, die Inflation und immer wieder Kohlennot lähmten den Eisenbahnverkehr. Eine schwere Hypothek bildete die Abgabe von 8 200 Lokomotiven, 130 000 Personenwagen und 280 000 Güterwagen als Reparationsleistung an die Siegermächte.

Doch nun zurück zur Walhallabahn.

Neue Verkehrseinschränkungen auf der Walhallabahn

Auch die Lokalbahn-Aktiengesellschaft befand sich nach dem Waffenstillstand in einer traurigen Lage. Der nachrückende Kriegsgegner hatte die Kohlenabfuhr von der Saar, von wo sie ihre Lokkohle bezog, abgeriegelt. Die notleidende Staatsbahn konnte ihrem Hilferuf nicht entsprechen und verwies an den Reichskohlenkommissar.

Als bei den Staatsbahnen eine Verkehrssperre die andere ablöste und der Zugverkehr teilweise ganz zum Erliegen kam, zwang der Kohlenmangel auch die Lokalbahn-Aktiengesellschaft zu neuen Fahrplaneinschränkungen. Anfangs 1920 verkehrte wiederum nur noch ein Personenzug, der morgens in Wörth a. D. ablief und erst in den Abendstunden zurückkehrte.

Die ständig an Auszehrung leidenden Kohlenvorräte brachten einschneidende Maßnahmen nicht nur für den fahrplanmäßigen Zugverkehr, sondern auch für die Pilgerfahrten Richtung Niederachdorf.

Als Bahnvorstand Oberhauser im Mai 1919 eine völlige Betriebssperre ankündigte, setzten sich energische Stimmen zur Wehr, die jetzt die Wichtigkeit des einst geschmähten Verkehrsmittels herausstrichen. „Was wird mit den Hunderten von Arbeitern, die täglich zur Stadt fahren, und mit der Lebensmittelzufuhr für die Stadtbevölkerung, wenn die Walhallabahn plötzlich überhaupt nicht mehr fährt", lauteten die besorgten Fragen. Niemand sprach mehr von den Schwächen der kleinen Bahn. Dank einer Kohlenhilfe durch den „großen Bruder Staatsbahn" ließ sich die drohende Sperre gerade noch abwenden. Obwohl man in Wörth a. D. den Wunsch auf Verstaatlichung der Walhallabahn nicht aufgegeben hatte, wäre man dort in dieser Notzeit schon mit kleinen Verbesserungen zufrieden gewesen. Eine Deputation reiste im Februar 1920 nach München und bat beim Verkehrsministerium um die Einführung der 4. Wagenklasse und um Einlegung eines zweiten Zugpaares. Punkt 1 scheiterte an den finanziellen Folgen für die Bahnverwaltung und Punkt 2 an der Unmöglichkeit, das notwendige Kohlenkontingent aufzutreiben.

Statt dessen zogen im selben Jahr die Fahrpreise so stark an, daß sich Minderbemittelte kaum noch die Fahrt mit dem Bockerl leisten konnten. Die Not machte erfinderisch und brachte manche Leute auf die Idee, mit einem Hundebillett zu reisen, bis sie dann vom Zugschaffner ertappt wurden. Auch Schwarzfahren kam groß in Mode. Viele setzten ihr längst abgehalftertes Botenfuhrwerk wieder in Gang und trabten

neben dem Schienenstrang her. Wie in alten Zeiten pilgerten die Wallfahrer, die sonst mit Extrazug fuhren, nun auf Schusters Rappen über verstaubte Straßen nach Niederachdorf.

Als der Geldzerfall immer rascher um sich griff, und die Bahntarife nicht mehr folgen konnten, gab es auf der Walhallabahn wieder überfüllte Züge und schlangestehende Passagiere. Trotz der geringen Zugzahl fuhren 1922/23 mehr Leute als im Friedensjahr 1913, weil jedermann die billigen Inflationstarife ausnützte. Im November 1922 kostete ein Retourbillett von Stadtamhof nach Wörth a. D. „erst" 108 M. Doch bald jagte eine Tariferhöhung die andere. Auf dem Höhepunkt der Inflation setzte die Lokalbahndirektion gleich mehrmals in der Woche die Fahrpreise hinauf, bis endlich am 1. November 1923 die Goldtarife kamen.

Volksfest im bescheidenen Rahmen in Stadtamhof im Kriegsjahr 1918

Der Konkurrenzkampf wird härter

Schon frühzeitig bekam die Walhallabahn zu spüren, daß sie kein Beförderungsmonopol für den Personentransport zur Walhalla besaß. Gegen die frühe Walhallaschiffahrt konnte sich die Bahn noch ohne größere Schwierigkeiten durchsetzen. Mit der Einführung einer staatlichen Motorpostlinie 1911 zur Walhalla bekam sie erstmals eine härtere Konkurrenz.

Während des I. Weltkrieges und in der schlechten Zeit danach war die Bahnlinie konkurrenzlos. Als es dann allmählich wirtschaftlich wieder aufwärts ging, begann durch eine verstärkte Motorisierung eine Entwicklung, die vielen Bahnen schwer zu schaffen machte. Im Sommer 1924 hatte der Wettbewerb auf der Straße mit voller Schärfe eingesetzt. Mit offenen Aussichtswagen nahm damals die Reichspost in den Sommermonaten ihre Eilfahrten zur Walhalla wieder auf. Auch wiederholte Einsprüche bei der Oberpostdirektion und selbst eine Androhung, bei einer Beibehaltung der Eilfahrten, die Einstellung des gesamten Personenverkehrs zwischen Stadtamhof und Donaustauf für die Dauer der Kraftpostfahrten zu beantragen, blieben wirkungslos.

Von einem Motorboot mit dem Namen Naab, das am 7. Juni 1925 den Fahrbetrieb zur Walhalla aufgenommen hatte, erwartete die Bahnverwaltung wegen seines geringen Fassungsvermögens und eines unpassenden Fahrplans keine besondere Schädigung ihres Verkehrs. Als dann am Ostersonntag 1926 eine Motorboot-Verkehr GmbH

Regensburg mit vier großen Schiffen einen regelmäßigen Schiffsverkehr, auch nach Donaustauf, eröffnete, schrillten bei der Lokalbahn-Aktiengesellschaft die Alarmglocken. Bei Fahrpreisen von nur 50 Pfennig für die einfache Fahrt Regensburg – Donaustauf handelte es sich offensichtlich um Kampftarife gegen die Walhallabahn. Die Bahn befürchtete schwere Verkehrsverluste und spürte dies bereits deutlich an den Ergebnissen ihres Osterverkehrs.

Die Bahn war nicht gewillt, der Schiffahrts-GmbH das Feld zu überlassen, erhob beim Stadtrat Regensburg, der dem Unternehmen die Betriebsgenehmigung erteilt hatte, energischen Einspruch und verwahrte sich gegen weitere Eingriffe in die Konzessionsrechte. Gelegen kam der Bahngesellschaft hierbei eine Schiffspanne durch Versagen des Schiffsmotors mitten auf der Donau.

Vom Stadtrat konnte die Bahn allerdings keine Unterstützung erwarten. Das Verhältnis war gespannt, denn Bahngesellschaft und Stadt befanden sich am Vorabend eines Rechtsstreites wegen der Ausdehnung der Straßenbahn bis Reinhausen. Die Walhallabahn steckte im gleichen Dilemma, wie alle Bahnen des öffentlichen Verkehrs mit einer Beförderungspflicht das ganze Jahr über, während ihre Konkurrenzunternehmen nur während der Saison fuhren.

Das Bockerl wird schneller

Durch den wachsenden Automobilverkehr und die Autobusse privater Unternehmer verschärfte sich der Wettbewerb. Anfang der dreißiger Jahre hatte der Personenverkehr einen besorgniserregenden Tiefstand erreicht. Mit seinem Schneckentempo von nur 25 km/h hatte das Bockerl gegenüber seinen Konkurrenten das Nachsehen. Es wurde deshalb eine Erhöhung der Höchstgeschwindigkeit der Personenzüge auf 35 km/h beantragt. Bei einer Probefahrt mit 46 km/h hatten sich keine ungünstigen Einflüsse auf den Zuglauf ergeben. Nach einem technischen Gutachten der Lokomotivfabrik Krauss & Comp. wurde 1928 die fahrplanmäßige Höchstgeschwindigkeit der Personenzüge auf 35 km/h angehoben. Dies beschränkte sich aber auf eine Bespannung mit den Loks 61, 62 und 67. Trotzdem ging es mit dem Personenverkehr weiter bergab.

Eine ähnliche Entwicklung zeichnete sich auch im Güterverkehr ab, die aber durch den noch florierenden Flußspatverkehr nicht gar so negativ verlief. In fast jedem der von der Bahn berührten Orte hatten sich Lastkraftwagenunternehmer etabliert, die mit der Walhallabahn konkurrierten und deren Frachtaufkommen auszehrten. Der wirtschaftliche Niedergang in der Zeit um 1930 in Verbindung mit der Verkehrsabwanderung führte die Walhallabahn in eine schwere Krise.

Das Bockerl kreuzt beim ehemaligen Rathaus von Steinweg die Straße und schwenkt in die Drehergasse ein

216. Stadtamhof—Donaustauf—Walhalla—Wörth (Donau) *[Walhallabahn]* (Alle Züge nur 3. Klasse.)

Sommerfahrplan 1929. Die Lokalbahn-Aktiengesellschaft trat der massiven Konkurrenz mit einem umfangreichen Zugangebot entgegen

Straßenbahnfrage in neuem Stadium

Zwischen der Stadt Regensburg und ihren nördlichen Vororten bestanden schon seit eh und je wirtschaftliche, gesellschaftliche und kulturelle Beziehungen. Die Bestrebungen um kommunalen Zusammenschluß lassen sich bis in die zweite Hälfte des vorigen Jahrhunderts zurückverfolgen. Unter dem Druck des politischen und wirtschaftlichen Umbruchs nach dem I. Weltkrieg kam die Eingemeindungsfrage der Realisierung näher.

Mit der Eingemeindung von 7 nördlich der Donau gelegenen Gemeinden am 1. April 1924 endete in den nördlichen Vororten eine jahrhundertelange kommunale Eigenständigkeit, an deren Preisgabe gewisse Erwartungen geknüpft wurden. Stadtamhof, Steinweg und Reinhausen erwarteten die Fortführung der Straßenbahn über ihren Endpunkt Stadtamhof hinaus. In den Eingemeindungsverträgen wurden diese Erwartungen ausdrücklich festgeschrieben.

Hinter den Straßenbahnbestrebungen stand als Primärmotiv die Absicht, auf diese Weise die Einstellung des Walhallabahnbetriebes mit seinen vielbeklagten Begleiterscheinungen zu erreichen. Der Markt Steinweg hatte noch 1922 im Alleingang unter Hinweis auf den nicht mehr zeitgemäßen Betrieb versucht, das Bähnchen von der Straße zu verdrängen.

Doch die Lokalbahn-Aktiengesellschaft gab Kontra, hob die Bedeutung der Walhallabahn für Stadtamhof und Steinweg mit einem Frachtaufkommen auf dem dortigen Güterbahnhof von 4 390 t im Versand und 8 178 t im Empfang sowie 75 681 in Stadtamhof verkauften Fahrkarten per 1919 hervor und konnte so die drohende Gefahr noch einmal abwenden.

Außerdem spekulierte sie bereits mit der Erbauung des schon damals geplanten Groß-Schiffahrtskanals durch den Stadtamhofer Dultplatz, für dessen Bau und Betrieb sie eine Bedeutung der Walhallabahn zu erkennen glaubte.

Derselbe Magistrat Steinweg, der die Einstellung des Bahnbetriebes zwischen Reinhausen und Stadtamhof gefordert hatte, verlangte wenig später, 1923, die Wiedereröffnung der im I. Weltkrieg geschlossenen Haltestelle Steinweg, verständlicherweise aber ohne Erfolg.

Erst nach der Eingemeindung der nördlichen Vororte am 1. April 1924 trat die Angelegenheit in ein neues Stadium. Die Stadt Regensburg bezeichnete es als wünschenswert, den Betrieb der Walhallabahn von Stadtamhof bis Reinhausen durch die Straßenbahn zu ersetzen.

Akute Gefahr für den Fortbestand der Vorortsstrecke

Bereits bei einer Vorbesprechung im Februar 1924 wurde darüber Einmütigkeit erzielt, daß der Personenzugbetrieb zwischen Reinhausen und Stadtamhof mit der ersten Straßenbahnfahrt einzustellen sei.

Eine Entscheidung über eine eventuelle Ablösung und Verwendung des Walhallabahngleises für Straßenbahnzwecke sowie über eine Mitbenützung durch die Walhallabahn für den Güterverkehr nach Stadtamhof blieb vorbehalten.

Da die Stadt die Finanzierung der beabsichtigten Straßenbahnerweiterung in den Jahren 1924 und 1925 nicht sicherstellen konnte, kamen die Verhandlungen zum Stillstand. Bei diesem Stand blieb es bis Februar 1926.

Mit allem Nachdruck ergriff die Stadt nun erneut die Initiative. Am 20. Februar 1926 erschienen der 2. Bürgermeister der Stadt und der Direktor der Regensburger Straßenbahn bei der Bahndirektion in München und gaben den Entschluß der Stadt bekannt, nun den Straßenbahnverkehr von Stadtamhof zunächst bis zur Haltestelle Reinhausen durchzuführen, von dem Recht des Widerrufs hinsichtlich der Benützung der Vorortsstraßen durch die Walhalla-

bahn Gebrauch zu machen und von der Gesellschaft bis Spätherbst die Entfernung der Gleisanlage zu verlangen.

Mit dieser kompromißlosen Forderung stieß der Stadtrat auf vollständige Ablehnung. Die Bahngesellschaft vertrat den Standpunkt, daß ihr ein ausschließliches Recht zum Bahnbetrieb zwischen Stadtamhof und Donaustauf zustünde und nur mit ihrer Zustimmung die Errichtung einer anderen Bahn zulässig wäre.

Der Verhandlungston wird schärfer

Bei diesen konträren Auffassungen verhärteten sich die Fronten. Zum 1. August 1926 kündigte der Stadtrat der Bahngesellschaft das in widerruflicher Weise eingeräumte

Das Bockerl auf der Regenbrücke gegen Steinweg, als das Schicksal der Vorortsstrecke bereits besiegelt war

115

Recht zur Benützung von gemeindlichem Straßengrund und lehnte jeglichen Entschädigungsanspruch kategorisch ab.

Eine Zurückverlegung des Anfangspunktes der Bahn an die Peripherie von Reinhausen bedeutete für die Aktiengesellschaft eine weitere Schädigung ihres ohnehin geschwächten Personenverkehrs. Sie setzte nun alle Hebel in Bewegung und intervenierte beim zuständigen Staatsministerium, der Stadt die Genehmigung zur Fortführung der Straßenbahn nach Reinhausen zu verweigern und das Bahnunternehmen notfalls durch Erteilung des Enteignungsrechtes in die Lage zu versetzen, den betreffenden Straßengrund auf dem Zwangswege zu erwerben.

Die Auseinandersetzung eskalierte weiter, und der Verhandlungston wurde schärfer. Durch die Regensburger Presse wurden tendenziöse Nachrichten gegen die Bahn in die Öffentlichkeit gebracht. Die Interessen der Stadt vertrat der 2. Bürgermeister mit aller Vehemenz, der der Bahn für den Fall weiteren Widerstandes ankündigte, dann eben Gewalt zu gebrauchen. Tatsächlich hatte die Stadt bereits mit den Vermessungsarbeiten für den Straßenbahnbau begonnen.

Schließlich signalisierte die Stadt in einer Besprechung am 30. Juni 1926 ihre Bereitschaft, der Bahn bei der Ablösung der Regenbrücke, der Übernahme des Gleismaterials und durch Beteiligung an den Kosten für die Errichtung eines neuen Personenbahnhofs in Reinhausen entgegenzukommen. In der Kernfrage gab es keinen Kompromiß.

In ihrer Zwangslage schaltete die Gesellschaft auch die Deutsche Reichsbahn-Gesellschaft als Aufsichtsbehörde ein und erbat Schutz gegen die Drohung der Stadt, am 1. August 1926 gegebenenfalls durch Zwangsmaßnahmen den Weiterbetrieb der Walhallabahn zwischen Stadtamhof und Reinhausen unmöglich zu machen.

Kompromißvorschlag und militärische Bedenken

Die eingeschalteten Ministerien drängten auf eine gütliche Lösung. Die Verhandlungen galten endgültig als gescheitert, als das Bahninstitut in einer letzten Vergleichsverhandlung am 17. September 1926 einen Schadenersatz von 477 500 RM und die Übernahme eines Beamten forderte, was die Stadt energisch zurückwies.

Von der Bahnaufsichtsbehörde wurde als Kompromiß angeregt, beide Verkehrsmittel nebeneinander zu betreiben. Bei dem lebhaften Straßenverkehr und der zu erwartenden Dichte des Straßenbahnfahrplans mußte eine solche Betriebsweise als undurchführbar ausscheiden. Eine Verkehrszählung hatte an einem Markttag zwischen 6.00 Uhr und 20.00 Uhr in der Schwandorfer Straße 1 375 Fahrzeuge aller Art ergeben.

Auch militärische Bedenken gegen eine Auflassung der Teilstrecke konnten den weiteren Gang nicht mehr aufhalten. Das Wehrkreiskommando VII hatte der Walhallabahn durchaus eine gewisse militärische Bedeutung attestiert und sich für eine Beibehaltung des Streckenabschnittes ausgesprochen. Für den Fall einer Unterbrechung der Eisenbahnbrücke über die Donau kam nach Ansicht der Wehrexperten die Walhallabahn als Ersatzverbindung zwischen dem Bahnhof Regensburg Hbf und dem Bahnhof Walhallastraße in Betracht. Auch sah man eine Nutzbarmachung für den Nachschub zu eventuell ostwärts von Wörth a. D. operierenden Truppen.

Die am 4. Oktober 1926 von der Stadt erhobene Klage führte zu einem überaus wechselreichen Prozeß, der über sechs Jahre dauerte und sieben Instanzen durchlief. Das erste Urteil vom 12. Mai 1927 durch das Landgericht Regensburg entschied gegen die Bahnbesitzerin. Auf deren Revision hob das Oberlandesgericht Nürnberg dieses Urteil auf. Jedoch erklärte das Bayerische Oberste Landesgericht auf Einspruch der Stadt diesen Entscheid für nichtig und verwies an das Oberlandesgericht.

Einen gewichtigen Bundesgenossen bekam die Walhallabahn nun durch den Reichsverkehrsminister, der einem Streckenabbau nicht zuzustimmen gedachte. Mit neuerlichem Urteil vom 26. April 1929 hob das Oberlandesgericht Nürnberg wiederum das Urteil des Landgerichtes Regensburg auf und wies die Klage der Stadt kostenfällig ab. Das Oberlandesgericht ging hierbei von dem Standpunkt aus, daß eine Verurteilung zu einer unmöglichen Leistung verlangt sei, weil der Reichsverkehrsminister eine Auflassung der Teilstrecke verbot.

Auf Revision der Stadt hob das Oberste Landesgericht dieses Urteil erneut auf und verwies an den 1. Zivilsenat des Oberlandesgerichtes zurück. Für diese Entscheidung war ein von dem Universitäts-Professor Dr. Laforet erstelltes Rechtsgutachten ausschlaggebend. Nach langwieriger Beweiserhebung wurde schließlich unterm 10. März 1932 vom Oberlandesgericht die Berufung der Beklagten zurückgewiesen. Eine erneute Revision der Aktiengesellschaft wurde endlich vom Obersten Landesgericht mit Urteil vom 9. November 1932 negativ beschieden. Die Bahn hatte damit diesen Mammutprozeß und ihre Teilstrecke verloren.

Als die Verhandlungen vor dem Prozeß nicht vorwärtskamen, konfrontierte der 2. Bürgermeister die Bahnverwaltung mit dem Vorwurf, sie halte beim Bahnbetrieb in den Vororten die Oberpolizeilichen Vorschriften nicht ein. Für den Fall, daß die Verhandlungen nicht bald in ein für die Stadt annehmbares Stadium kämen, wurde eine rigorose Überwachung angekündigt. Während der Prozeßzeit beobachteten deshalb die städtischen Gesetzeshüter den Lokalbahnbetrieb mit gar gestrengem Auge. Bezirkskommissar Gruber in Steinweg hatte Order erhalten, den Bahnbetrieb fortwährend zu kontrollieren und jede Übertretung unnachsichtig anzuzeigen.

Aufmerksam beobachteten die Schutzleute das Bockerl und wachten besonders darüber, ob der „Fahnerlbua" jedesmal mit seiner roten Flagge voranlief. Aber soviel sie auch Ausschau hielten, so konnten sie keine Verstöße zur Anzeige bringen, denn die Lokalbahn-Aktiengesellschaft hatte ihrerseits peinlichst genaues Einhalten der Betriebsvorschriften angeordnet.

Schwer lastete der Prozeßausgang auf der wirtschaftlich nicht zum besten gestellten Aktiengesellschaft, die neben dem Streckenverlust über 70 000 RM Gerichtskosten zu tragen hatte.

Anstelle des verhinderten Straßenbahnbetriebes hatte die Stadt schon um die Jahreswende 1926/27 übergangsweise eine Autobuslinie geschaffen, wofür sie jetzt einen Schadenersatzanspruch von 200 000 RM erhob. Schließlich verzichtete die Stadt auf Schadenersatz, wofür sie den stählernen Regenbrückenüberbau und das Areal des Güterbahnhofs in Steinweg erhielt.

Das Schicksal der Teilstrecke war damit besiegelt.

Der „Fahnerlbua" begleitet das Bockerl durch Steinweg (1933)

Aus der Zeit des auslaufenden Walhallabahnbetriebes in Stadtamhof

Betriebseinstellung auf der Vorortsstrecke –
Neuer Kopfbahnhof Regensburg-Reinhausen

Letzte Fahrt des Walhalla-Bockerls nach Stadtamhof

Die Stadt hatte nach dem gewonnenen Prozeß freie Hand. Seit der Beschlußfassung des Stadtrates, die Straßenbahn bis Reinhausen zu erweitern, waren mehr als 65 Jahre vergangen. Bei den zwischenzeitlich eingetretenen tiefgreifenden Änderungen in den wirtschaftlichen Verhältnissen standen die Verantwortlichen nun vor der Frage, ob angesichts der herrschenden Notzeit, die Schaffung der geplanten Verkehrsverbindung noch verantwortet werden könnte. Als Alternative stand auch der Einsatz von Benzin-Omnibussen bzw. schienenlosen Oberleitungs-Omnibussen zur Diskussion.

In einem ausführlichen Referat in der Stadtratssitzung am 21. Dezember 1932 brachte der 2. Bürgermeister abschließend zum Ausdruck, daß es zu einer baldmöglichsten Realisierung des Straßenbahnprojektes keine vernünftige Alternative gäbe. Seine Anträge erhielten die Zustimmung. Nachdem das Genehmigungsverfahren für die Straßenbahnerweiterung erst wieder in Gang gebracht werden mußte, hatte die Stadt von einer sofortigen Vollstreckung des Urteils bis auf weiteres abgesehen. Die Lokalbahn-Aktiengesellschaft hatte damit noch eine Übergangsfrist, sich auf den künftigen Betriebszustand einzustellen.

Wegen Inangriffnahme der Gleisverlegung in Stadtamhof im Juni 1933 vereinbarten Bahn und Stadt, den Ausgangspunkt der Bahnlinie zunächst auf den Güterbahnhof am Dultplatz zurückzuverlegen. Der Pfingst-verkehr konnte noch von Stadtamhof aus abgewickelt werden. Am Pfingstsonntag gab es noch infolge eines Propagandamarsches von SA und SS eine zeitweise Sperrung des Zugverkehrs zwischen Stadtamhof und Reinhausen. In seinen alten Tagen mußte das Bockerl bei solchen Anlässen vorne auf dem Kessel zwischen Fähnchenschmuck das Symbol der neuen Machthaber tragen.

Ab Pfingstdienstag, den 6. Juni 1933, morgens, war der Güterbahnhof in Steinweg der Abgangspunkt für den Personenverkehr. Der Gleisbau für die Straßenbahn schritt zügig voran. Schon in der ersten Julihälfte waren die Straßenbahnarbeiten in Steinweg in vollem Gange und zwangen zur kurzfristigen Auflassung der Vorortsstrecke.

Am Montag, dem 17. Juli 1933, schließlich schnaufte das WALHALLA-BOCKERL zum letztenmal über die Regenbrücke. Der „Fahnerlbua" und das Zugpersonal versahen traurig ihren Dienst. Wie mir eine Zeitzeugin, Frau Maria Weigl vom Gasthaus zur Walhallabahn in Steinweg, erzählte, fiel der Abschied vom WALHALLA-BOCKERL nicht leicht. Bei der Abschiedsfahrt winkten sich Zugpersonal und Anwohner voller Wehmut und Abschiedsschmerz mit ihren Taschentüchern zu und wischten sich die Tränen aus den Augen, bis das traute Gefährt, nach fast einem halben Jahrhundert, auf Nimmerwiedersehen aus der Stadt hinausrollte.

Noch heute erinnern sich ältere Regensburger gerne an die Zeit, als das Bockerl noch zum Straßenbild gehörte. Nachdenk-

Die Tage des WALHALLA-BOCKERLS in Stadtamhof sind gezählt (April 1933)

Der Bahnhof Regensburg-Reinhausen bei der Pfarrkirche St. Josef, Abfahrtsstelle nach der Stillegung Stadtamhof-Reinhausen

lich meinen sie: „Ja, das waren halt noch Zeiten, als das WALHALLA-BOCKERL bis Stadtamhof hineindampfte.“

Umbau zum neuen Kopfbahnhof

Für die künftige Abwicklung des Personenverkehrs in Reinhausen traf die Bahngesellschaft vorläufige Maßnahmen. Das Hauptgleis wurde bis km 1,32 nächst der Gaststätte Zur Walhallabahn abgebrochen und der westliche Teil des alten Gleises verfüllt. Der ursprüngliche Bahnkörper sollte dem Zugang von der Straßenbahnhaltestelle zum Bahnsteig dienen. Neben dem Hauptgleis kam ein Bahnsteig zur Ausführung. Das Hauptgleis erhielt bei km 1,4 eine Weichenverbindung zum Einfahrtsgleis in den Güterbahnhof, um eine Umfahrmöglichkeit für die Zuglokomotiven zu schaffen. Nach dem Aussteigen der Reisenden mußten die Personenzüge zum Umfahren zurückgeschoben werden.

Der Bahnhof Regensburg-Reinhausen fungierte nun als Zugmeldestelle mit dem von Stadtamhof-Dultplatz umgesetzten Fahrdienstleiter. Eine architektonisch wohl gelungene Hochbauanlage mit Güterhalle, Warteraum, Dienstraum und Abortanlage kam 1934 zur Ausführung, wofür Holzwerk von der in Steinweg abgebrochenen Güterhalle Verwendung fand. An der Bauausführung wirkten ortsansässige Firmen, wie die Zimmerei Josef Wankerl, die Spenglerei Johann Beer und die Glaserei Luitpold Geisinger aus Reinhausen mit.

Bereits am 1. Oktober 1933 hatte die Elektrische den Fahrbetrieb nach Reinhausen aufgenommen. Obwohl eine Tarifgemeinschaft mit der Straßenbahn zustande kam – eine Fahrt vom Domplatz bis Schwabelweis kostete z. B. 25 Pfennige –, konnte sich die Walhallabahn von diesem Verlust, der sie das wertvollste Streckenstück gekostet hatte, zeitlebens nicht mehr erholen.

Nutzen aus der Umstrukturierung zog der Gastwirt der benachbarten Gaststätte Zur Walhallabahn, da viele Fahrgäste die Zeit bis zur Abfahrt lieber in einer gemütlichen Gaststube bzw. im Biergarten, als in einem stickigen Warteraum verbrachten, eine Einnahmequelle, die für die Stadtamhofer Gaststättenbesitzer freilich versiegt war.

Letzte Fahrt durch die Vororte am 17. Juli 1933. Hier in Steinweg

Tief in den roten Zahlen

Wäre es nach der Lokalbahn-Aktiengesellschaft gegangen, so hätte die Walhallabahn bereits 1933 zu bestehen aufgehört. Omnibusse, Automobile und das „Walhalla-Dampferl" hatten ihr Verkehrsaufkommen so stark ausgehöhlt, daß sie mit der Isartalbahn zu den verlustreichsten Gesellschaftslinien zählte.

Der ruinöse Wettbewerb und die Folgen der Wirtschaftskrise zehrten an der Substanz der Bahngesellschaft. Anfangs der dreißiger Jahre spitzte sich die wirtschaftliche Lage des Unternehmens dramatisch zu. So gingen die Gesamteinnahmen des Jahres 1933, das mit einem Verlust von fast zwei Millionen RM abschloß, gegenüber 1929 um die Hälfte zurück.

Die Walhallabahn schloß seit 1927 jährlich mit einem erheblichen Defizit ab, das 1933 96 000 RM ausmachte. Personen- und Güterverkehr waren gleichermaßen betroffen. Nachdem eine Verkehrssteigerung nicht in Aussicht stand, verblieb als einziges Mittel, wenigstens die Kosten, wo immer möglich, zu senken. Die Belegschaft umfaßte nur noch 42 Angestellte. In diese kritische Phase fiel der unglückliche Ausgang des Prozesses mit der Stadt Regensburg. Kein Wunder, daß die Gesellschaft nach dem Verlust der Teilstrecke die Entbindung von der Betriebspflicht für die Walhallabahn forderte.

Nur mit Hilfe von umfangreichen Bankkrediten ließ sich der Betrieb der am Rande des Ruins stehenden Lokalbahn-Aktiengesellschaft aufrechterhalten. Um den drohenden Zusammenbruch abzuwenden, wurde 1934 eine gründliche Sanierung durchgeführt. Dabei gelang es, die Geschäftsgrundlagen nochmals neu aufzubauen. Bayern und Württemberg verzichteten auf das Heimfallrecht an den Linien. Die Deutsche Reichsbahn-Gesellschaft half mit einem Großdarlehen, mit dem die drückenden Bankschulden getilgt wurden. Große Opfer mußten die Aktionäre bringen, denn der Sanierungsgewinn entsprang in der Hauptsache aus der Herabsetzung des Aktienkapitals.

Auch nach der Sanierung blieb die wirtschaftliche Lage äußerst angespannt. Die nach dem Sanierungsvertrag mit der wirtschaftlichen Überwachung der Lokalbahn-Aktiengesellschaft beauftragten Vertreter des Landes Bayern und der Deutschen Reichsbahn-Gesellschaft beauftragten die Bahngesellschaft neuerdings zu prüfen, ob nicht der seit 1927 permanent vorhandene Fehlbetrag der Walhallabahn durch eine wirtschaftlichere Betriebsweise ausgeglichen werden könnte oder eine völlige oder teilweise Stillegung anzustreben sei.

Walhallabahn auf dem Prüfstand

In einer Besprechung aller Beteiligten am 5. Februar 1935 wurde die Angelegenheit abschließend behandelt. Verkehrsverschlechterungen sollten nach Möglichkeit vermieden werden. Es bestand Einmütigkeit darüber, daß eine Stillegung sehr wohl eine

Verschlechterung der Verkehrsverhältnisse zur Folge haben würde. Alternativ wurde die Einrichtung einer Kraftpostlinie und eine Verlängerung der Straßenbahn bis Donaustauf erwogen, letztlich aber als nicht adäquate Lösungen verworfen.

Hinsichtlich des Wagenladungsverkehrs war man sich einig, daß eine Betriebseinstellung die Holzversender, die Flußspatindustrie, die Lagerhäuser und die Empfänger von Kohlen und Düngemittel sowie vor allem die Unternehmen mit Gleisanschlüssen schädigen würde. Lediglich die Verweisung des Stückgutverkehrs auf den Kraftwagen galt als positiver Ansatz. Es ließ sich weder eine Stillegung noch eine Teilstillegung rechtfertigen. Auch wegen des heftigen Widerstandes der Ge-

meinden stellte das Bayerische Wirtschaftsministerium die Stillegungspläne ein.
Langfristig war die Sache aber keineswegs vom Tisch. Die Gesellschaft erhielt den Auftrag, einen detaillierten Betriebsplan für eine noch sparsamere Betriebsführung auszuarbeiten. Bereits laufende Untersuchungen über einen Einsatz von Triebwagen waren zum Abschluß zu bringen.
Die Stückgutbedienung entlang der Walhallabahn übernahm ab 1. Oktober 1936 die Deutsche Reichsbahn mit einem auf der Kraftwagenlinie Regensburg Hbf – Wörth a. D. – Straubing eingerichteten Kraftwagenverkehr. Der Bahnhof Regensburg-Reinhausen wurde gleichzeitig zur Kraftwagenhilfsstelle erklärt. Das Stückgut ab Reinhausen stellte der bisherige Rollführer der Walhallabahn, Wolf, zu..

Die Bahnunterführung in Walhallastraße entwickelte sich mit fortschreitender Motorisierung zu einem kritischen Gefahrenpunkt

Schwere Entgleisung bei Demling (1943). Die Aufgleisungsarbeiten sind bereits voll im Gange. Das Bockerl liegt umgekippt am Fuß des Bahndamms

*Donaubrücken- und Reichsstraßenbau
Rückwirkungen auf die Walhallabahn*

Zur planmäßigen Anpassung der wichtigsten Landstraßen an die Bedürfnisse des motorisierten Verkehrs übernahm das Reich ein Spitzennetz von durchgehenden Straßenverbindungen als Reichsstraßen in die eigene Unterhaltung mit einem mehrjährigen Ausbauprogramm.

Mit der Steinernen Brücke gab es in Regensburg nur einen Donauübergang, der auch den Verkehr der Reichsstraßen 8 und 15 aufnehmen mußte. Im Rahmen des Ausbauprogramms des Generalinspektors für das deutsche Straßenwesen wurde für die Durchleitung der beiden Reichsstraßen eine großzügige Lösung in Angriff genommen. Schwerpunkte dieses Bauvorhabens waren der Bau einer Donaubrücke bei Weichs und einer Regenbrücke bei Reinhausen. Die geplante Trasse der Reichsstraße 15 mußte im Abschnitt Donaubrücke – Sallern die Walhallabahn zwischen Reinhausen und Weichs kreuzen.

Die Frage dieses Bahnübergangs entwickelte sich zu einem ausgesprochenen Problemfall. Allgemeine Baugrundsätze für die Reichsstraßen schrieben für den Neubau schienenfreie Kreuzungen vor. Eine solche Ausführung stieß bei der Bauleitung für die Donaubrücke und bei der Stadt Regensburg auf Ablehnung. Ein hoher Grundwasserspiegel hätte das Landschaftsbild störende Überführungsdämme notwendig gemacht.

Planung in der Sackgasse

Die Bauleitung ging davon aus, daß der Abgangsbahnhof der Walhallabahn auf Dauer in Reinhausen nicht zu halten sei und über kurz oder lang ohnehin östlich der Reichsstraße verlegt werden müßte. Für sie kam deshalb nur eine schienengleiche Kreuzung als Übergangszustand in Betracht.

Die Bahngesellschaft sah in einem solchen Ansinnen einen glatten Affront, nachdem sie erst wenige Jahre zuvor die wichtige Teilstrecke Stadtamhof – Reinhausen verloren hatte. Sie war an einer Änderung der bestehenden Verhältnisse vollkommen uninteressiert, wurde aber nun unter den Sachzwängen in das Prozedere mit hineingezogen. Ein weiteres Zurückweichen mit dem Kopfbahnhof betrachtete sie als gleichbedeutend mit dem gänzlichen Ruin ihrer Walhallabahn. Im Falle eines höhengleichen Übergangs mußte die Bahnverwaltung durch das notwendige Abbremsen vor dem Übergang und das Wiederbeschleunigen auch mit zusätzlichen Betriebskosten rechnen.

Für eine Verlegung des Abgangsbahnhofs hinter die Reichsstraße plädierte auch der Deutsche Automobil-Club. Kurz und bündig teilte dann der Reichsverkehrsminister unterm 30. September 1936 mit, daß er einer schienengleichen Kreuzung nicht zustimme. Um einen Ausweg aus der Sackgasse zu finden, setzte das Reichsverkehrsministerium für 17. November 1936 eine Besprechung im Bahnhof Regensburg-Reinhausen an. Nach einem dort erzielten

Kompromiß sollte der Abgangsbahnhof für den Personenverkehr auf die Ostseite der Reichsstraße verlegt und für den Güterverkehr eine schienengleiche Kreuzung zugestanden werden. Als sich die hochkarätigen Herren in Reinhausen verabschiedet hatten, stand die Sache praktisch wieder auf dem alten Fleck, denn die Stadt war nicht gewillt, Verpflichtungen für ein später eventuell notwendig werdendes Kreuzungsbauwerk einzugehen.

Die Bahn arbeitete einen Entwurf für einen neuen Personenbahnhof aus und die Reichsbahndirektion beschäftigte sich sogar mit der Planung eines neuen Bahnhofs für den Gesamtverkehr. Letztlich blieb alles Makulatur. Zum Schluß blieb dem Reichsbevollmächtigten für Bahnaufsicht nichts anderes übrig, als den Reichsverkehrsminister zu ersuchen, eine definitive Entscheidung in der verfahrenen Situation zu treffen.

am Samstag, den 4. September 1937 für den Verkehr freigegeben. So entstand ein gefahrvoller Zustand für die Verkehrssicherheit. Nach einer Verkehrszählung im September 1938 wurde der Übergang an einem Samstag von 1 168 Personenkraftwagen und Motorrädern, 248 Lastkraftwagen, 21 Fuhrwerken, 2 312 Fahrrädern und 428 Fußgängern frequentiert. Im selben Zeitabschnitt kreuzten über 20 Züge die Straße.

Weit tönten die schrillen Warnpfiffe, wenn sich die Züge diesem Gefahrenpunkt näherten. Schwere Unfälle blieben nicht aus. Die alte Erfahrung, daß Provisorien ein langes Leben haben, bestätigte sich, denn der nur befristet vorgesehene Zustand hielt sich über 20 Jahre, bis die Bahn schließlich doch hinter die Bundesstraße zurückweichen mußte.

Strategische Gründe erzwingen Entscheidung

Die Sachverhältnisse führten schließlich zwangsläufig zu einer Entscheidung. Die Fertigstellung der Nordbrücke über die Donau stand kurz bevor. Mit dem Eisernen Steg zum Unteren Wöhrd ergab sich somit ein zweiter Donauübergang bereits vor Vollendung der Südbrücke. Die militärischen Stellen sahen darin größte strategische Bedeutung. Die Fahrbahn der Reichsstraße lag fertig bis zum Bahnkörper. Unter diesen Umständen blieb nur eine Lösung. Am 12. August 1937 telegraphierte der Reichsverkehrsminister die befristete Genehmigung der schienengleichen Kreuzung.

Nun ging alles schnell. Nach Anhebung des Bahngleises wurde die Reichsstraße 15

Schwerer Zusammenstoß am südlichen Ortsausgang von Donaustauf mit Lokomotive 64 (1938)

Hoffnung auf Verkehrsbelebung durch die Holzverzuckerung und Dreischienengleis

Großtechnische Anwendung der Holzverzuckerung Chance für die Walhallabahn

Nach einer anhaltenden Verkehrsflaute in den dreißiger Jahren zeichnete sich ein Hoffnungsschimmer für den Güterverkehr ab. Nach dem von Professor Bergius erforschten Prinzip der Zuckergewinnung aus Abfallholz plante die Süddeutsche Holzverzuckerungs-AG eine großtechnische Anlage. Das Unternehmen entschied sich für Schwabelweis als Standort für das geplante Werk, wo es günstige Infrastrukturverhältnisse vorfand.

Bei dem Schwabelweiser Werk handelte es sich um die erste Fabrikanlage, in der dieser chemische Prozeß erstmals im großen Stile zur Anwendung kam. Durch die Verarbeitung von jährlich 120 000 – 150 000 Raummeter Holz sollte als Hauptprodukt Futterhefe in einer Jahresmenge von rund 10 000 t gewonnen werden.

Der Fabrikbau wurde Mitte 1938 in Angriff genommen. Bei dem riesigen Bedarf an Rohstoffen und den großen Mengen an Fertigprodukten zeichnete sich für die am Werk vorbeiführende Walhallabahn ein außergewöhnlicher Verkehrszuwachs ab. Infolge der zu erwartenden großen Transportmengen wurde Wert auf eine direkte Überführung der Waggons zwischen dem Bahnhof Walhallastraße und dem Werk gelegt. Der Rollbockverkehr erschien hierfür zu umständlich.

Das Recht zur Eisenbahnbeförderung in diesem Abschnitt stand der Walhallabahn konzessionsmäßig zu.

Auf der Walhallabahntrasse mußte somit in dieser Teilstrecke auch die Normalspur hergestellt werden. Somit wurde dort ein Dreischienengleis notwendig, auf dem sowohl schmalspurig als auch normalspurig gefahren werden konnte. Für die Bedienung des Holzverzuckerungs-Werkes beabsichtigte die Lokalbahn-Aktiengesellschaft zwei normalspurige Lokomotiven im Lokal-Bahnhof zu stationieren.

Bahnhofsumbau und Herstellung der Doppelspur

Die Betriebsverhältnisse auf dem Lokal-Bahnhof Walhallastraße gestalteten sich durch die Bedienung dieses großen Werkes noch schwieriger, so daß eine grundlegende Neugestaltung der Gleisanlagen notwendig wurde. Die Werksbedienung erforderte im Bahnhof ein besonderes Gleis für die Durchfahrt der Übergabezüge von der Holzverzuckerung und ein Sammelgleis für die aus dem Bahnnetz dafür ankommenden Wagen.

Bei Beginn der Bauarbeiten im August 1938 war die Lokalbahn-Aktiengesellschaft bereits auf das Reich übergegangen. Das Bauvorhaben wickelte nun die LAG-Überleitungsstelle ab. Probleme gab es durch die schwierige Materialversorgung. Stahl und Eisenbahnschienen gab es nur im Rahmen eng begrenzter Kontingente. Um jede Tonne Stahl mußte gefeilscht werden. Den Gleisschotter, 2 000 t, lieferten die benachbarten Kalkwerke. Am 24. Oktober 1938 begann der Umbau für das Dreischienengleis. Das alte Schmalspurgleis wurde jochweise herausgenommen und das Dreischienengleis eingelegt. Gleichzeitig wurde das Heeresproviantlager normalspurig an den Lokal-Bahnhof angeschlossen. Die Schienen in Form Bayern IX für das Streckengleis stellte das Oberbaustofflager Regensburg bei. Mitte März 1939 war das Dreischienengleis komplett verlegt, nachgekrampt und verfüllt.

Aufnahme der Werksbedienung

Wegen schleppender Abfuhr in Regensburg-Kalkwerk, wie der Lokal-Bahnhof nun hieß, stauten sich die Wagen bedenklich zurück. Die Rollböcke reichten nicht mehr aus, um dem starken Wagenzulauf

aus dem Reichsbahnnetz Herr zu werden. Gleichzeitig liefen die Wagen für die Holzverzuckerung auf. Durch den Autobahnbau mußte mit einer weiteren Verkehrssteigerung gerechnet werden. Auf schnellstmögliche Aufnahme der normalspurigen Werksbedienung wurde nun gedrängt, nachdem im Werk die Gleisarbeiten noch im Rückstand waren.

Am Montag, den 26. Juni 1939 wurde die Anschlußbedienung des Holzverzuckerungs-Werkes planmäßig aufgenommen. Der Nahgüterzug N8915 überführte die Werksfrachten vom Rangierbahnhof Regensburg nach Walhallastraße, von wo die Überstellung mit Übergabezügen erfolgte. Die Abfuhr übernahm N8916.

Die Einrichtung einer Haltestelle für die Werktätigen der Holzverzuckerung scheiterte zunächst.

Güterzug bei der Haltestelle Walhalla mit dem Scheuchenberg im Hintergrund

128

*Ein ausgesprochener Sonderfall
im Reichsbahnnetz*

Nach fast 50 Jahren endete am 1. August 1938 mit der Verstaatlichung der Lokalbahn-Aktiengesellschaft in München auf der Walhallabahn die Privatbahnzeit. Durch Reichsgesetz vom 16. Juni 1938 ging das Vermögen der Lokalbahn-Aktiengesellschaft auf das Deutsche Reich über. Die Eingliederung der LAG-Linien in das Reichsbahnnetz brauchte seine Zeit. Zunächst blieb organisatorisch alles beim alten. Die LAG-Direktion firmierte ab 1. August 1938 als Deutsche Reichsbahn, Überleitungsstelle der Lokalbahn-Aktiengesellschaft in München.

In Berlin stellte sich beim Reichsverkehrsministerium die Frage, in welcher Weise die Walhallabahn zweckmäßig in das Reichsbahnnetz einzugliedern sei. Tatsächlich erwies sich die Schmalspurbahn im Schienennetz der Reichsbahn als ausgesprochener Sonderfall. Die aus der Not geborene Meterspur bildete jetzt ein noch größeres Hindernis. Ab 1. 1. 1939 unterstand das Bähnchen der Reichsbahndirektion Regensburg. Bald aufgenommene Planungen, die Walhallabahn vollspurig auszubauen und mit einer Verbindungskurve an die Hauptbahn Richtung Regensburg Hbf anzuschließen, machte der Krieg zunichte.

Die Dienstorganisation auf der Schmalspurbahn blieb vorerst im wesentlichen unverändert. Die Bahnhöfe Regensburg-Reinhausen, Regensburg-Kalkwerk, Donaustauf, Sulzbach a. D., Bach a. D. und Wörth a. D. hatten den Status selbständiger Dienststellen. Die Leitung des Lokalbahnbetriebes erfolgte von Regensburg-Kalkwerk aus. Für die Unterhaltung der Bahnanlagen war nun die Bahnmeisterei 2 Regensburg zuständig.

Kriegsmaßnahmen und steigender Verkehr

Die auf Hochtouren laufende Rüstung und der Vierjahresplan mit seinen hochgesteckten Zielen griffen immer stärker auf die Ressourcen der Eisenbahnen zurück. Zur Sicherstellung des riesigen Stahlbedarfs kam der Verhüttung von Stahlschrott immer größere Bedeutung zu. Unter dem Schlagwort „General-Schrottausbau" erhielt die Reichsbahn den Auftrag, alles irgendwie entbehrliche Eisen auszubauen und der Stahlerzeugung zuzuführen. Die Walhallabahn hatte hierzu ihren Beitrag zu leisten.

Bereits im ersten Kriegswinter wurden die Eisenbahnen mit den Schwierigkeiten eines außergewöhnlich strengen Winters konfrontiert. Im Bezirk der Reichsbahndirektion Regensburg sank das Thermometer auf − 42 Grad Celsius. Als der Winter schließlich vorüber war, blieben zahlreiche Frostschäden an den Streckengleisen zurück, deren Beseitigung Monate in Anspruch nahm. Auf der Walhallabahn führte die Bahnmeisterei 2 Regensburg im Jahr 1941 Planumsverbesserungen durch, die vermutlich noch mit solchen Winterschäden zu tun hatten. Trotz stellenweiser Gleiserneuerung stand es mit dem Gleisoberbau der Kleinbahn offensichtlich nicht zum besten, denn 1943 ereignete sich bei Demling eine schwere Entgleisung eines Personenzuges wegen schlechter Gleislage, bei der Lok und Wagen den Bahndamm hinunterstürzten.

Während des Krieges zog der Verkehr auch auf der Walhallabahn stark an, mit Transportanforderungen wie in den besten Jahren der Kleinbahn. Bei Rollböcken und Wagenmaterial kam es zu kritischen Engpässen. Der Anschlußverkehr mit der Holzverzuckerung über das Dreischienengleis expandierte mit der Produktionserweiterung dieses Werkes, dessen Belegschaft von ursprünglich 200 bis 1943 auf 700 Bedienstete anwuchs. Für ihr Personal hatte die Holzverzuckerungs-AG einen Autobus-Zubringerdienst eingerichtet, der 1943 wegen Treibstoffmangels eingestellt werden mußte.

Die Mehrzahl der Betriebsangehörigen des Schwabelweiser Werkes war nun auf die Walhallabahn angewiesen, deren Haltestellen aber ungünstig lagen. Die Holzverzuckerungs-AG drängte mit allem Nachdruck auf Einrichtung eines Haltepunktes am Werkseingang, der Mitte 1943 realisiert wurde. Für das Personal des Werkes, vor allem für die vielen Kriegsversehrten, brachte dies eine große Erleichterung. Der Haltepunkt diente nur dem Berufsverkehr des Werkes.

Die Einschränkungen des Personenverkehrs während des Krieges hielten sich in Grenzen und waren bei weitem nicht vergleichbar mit den drastischen Fahrplanreduzierungen im I. Weltkrieg. Fast während des ganzen Krieges verkehrten auf der Gesamtstrecke drei Zugpaare und zusätzlich drei Zugpaare in der Teilstrecke Regensburg-Reinhausen – Donaustauf.

Der Bahnhof Regensburg-Walhallastraße
Täglich über 200 Züge

Auch wenn es zur vollen Angliederung der Walhallabahn an den Bahnhof Regensburg-Walhallastraße erst Jahre nach dem Krieg kam, wurden in den Jahren nach der Verstaatlichung die organisatorischen Verknüpfungen enger. Als Übergangsbahnhof hatte der Bahnhof Regensburg-Walhallastraße stets besondere Bedeutung für die Walhallabahn. Deshalb soll in einem Schlaglicht dieser Bahnhof in seinen be-

Walhallastraße Lokal-Bahnhof und Kalkwerk Funk

(Walhallabahn)	**424f Regensburg-Reinhausen—Walhalla—Wörth** (Donau)										(Schmalspurbahn)
	Alle Züge nur 3. Klasse										

w 3587	3584	3588	S✱3586	3590	3594	3592	3596	S✱3598	3580	Zug Nr	RBD Regensburg	Zug Nr	w 3581	3583	3587	3589	3593	3595	3591	S✱3597
w 6.40	7.55	12.47 S✱13.57		14.15	17.44	18.53	19.18	S✱21.05	21.27	km an	Regensburg-Reinhausen	an	w 6.25	7.38	12.24	13.56	17.30	18.39	20.02	S✱20.49
6.44	7.59	12.51	14.01	14.19	17.48	18.57	19.22	21.09	21.31	0,9	Regensburg-Walchs	↑	6.20	7.34	12.20	13.52	17.26	18.35	19.58	20.45
6.49	8.04	12.56	14.06	14.25	17.53	19.02	19.28	21.14	21.36	2,1	Regensburg Kalkwerke		6.15	7.29	12.15	13.47	17.21	18.29	19.53	20.40
6.53	8.08	13.00	14.10	14.29	17.56	19.06	19.32	21.18	21.40	3,2	Regensb.-Schwabelweis		6.11	7.24	12.10	13.43	17.17	18.24	19.49	20.36
6.57	8.12			14.33	18.00					4,2	Stauferfeld		6.06		12.06		17.12	18.20		
7.01	8.16	13.07	14.17	14.37	18.03	19.13	19.39	21.25	21.47	5,1	Tegernheim	↑	6.02	7.15	12.02	13.35	17.08	18.16	19.41	20.28
w 7.07	8.22	13.13 S✱14.23	14.43		18.09	19.19	19.45	21.31	21.53	7,5	Donaustauf	ab	5.55	7.08	11.55	13.29	17.01	18.10	19.34	20.21
	8.30			14.49	18.17		19.53	21.37	22.01	8,6	Walhalla	↑	5.49	6.59	11.49			18.03		20.15
	8.35			14.54	18.22		19.58	21.42	22.06	9,8	Sulzbach (Donau)		5.45	6.55	11.45			17.58		20.11
	8.40			15.00	18.27		20.05	21.47	22.11	10,0	Demling-Steinbruch		5.40	6.50	11.40			17.53		20.06
	8.44			15.04	18.31		20.09	21.51	22.15	11,1	Demling		5.36	6.46	11.36			17.49		20.00
	8.49			15.09	18.36		20.14	21.56	22.20	12,5	Bach		5.31	6.41	11.31			17.44		19.55
	8.56			15.17	18.43		20.21	22.03	22.27	14,9	Frengkofen		5.24	6.34	11.24			17.37		19.48
	9.00			15.21	18.47		20.25	22.07	22.30	16,1	Kruckenberg		5.20	6.30	11.18			17.33		19.44
	9.05			15.26	18.52		20.30	22.12	22.35	17,9	Kruckenberg		5.15	6.25	11.13			17.28		19.39
	9.14			15.35	19.01		20.39	22.21	22.43	20,6	Wiesent		5.07	6.17	11.05			17.20		19.31
	9.18			15.40	19.05		20.43	S✱22.25	22.48	22,0	Wörth (Donau)	ab	5.02	6.12	11.00			17.15		S✱19.26

Von Regensburg Hbf (Hotel Maximilian) nach Regensburg-Reinhausen besteht werktags zeitweise Straßenbahnverbindung. Fahrzeit 15 Minuten. ✱ Verkehrt nur S bis einschl. 17. IX. 44.

Jahresfahrplan 1944, gültig ab 3. Juli 1944. Der Fahrplan weist noch eine beachtliche Dichte auf

trieblichen und verkehrlichen Verhältnissen während der Zeit seiner stärksten Beanspruchung kurz beleuchtet werden.

Die Keimzelle für die Entwicklung zum wichtigen Vorstadtbahnhof war die kleine Station Walhallastraße des Jahres 1859 der Bayerischen Ostbahnen. Durch eine starke Industrieansiedelung im Laufe der Jahrzehnte wuchs die Bedeutung des Bahnhofs im Güterverkehr. Schon lange vor der Jahrhundertwende gab es dort die Kalkwerke der Firmen Funk, Micheler und Kummer mit Industriegleisanschlüssen. Um die Jahrhundertwende errichtete der Holzhändler J. Himmelsbach aus Oberweier gleich neben dem Bahnhof eine Schwellenimprägnieranstalt. Mit dem Holzverzuckerungs-Werk hatte die Industrieansiedelung einen Höhepunkt erreicht.

Neben einem beachtlichen Güterverkehrsaufkommen hatte der an der Hauptstrecke Regensburg – Hof gelegene Bahnhof einen enormen Durchgangsverkehr, der vor und während des Krieges ein absolutes Maximum erreichte. Auf dieser Strecke bündelte sich der Zugverkehr zwischen Süden und Norden sowie Schlesien. Wegen der außerordentlichen Streckenbelastung wurde ab 1938 die Leistungsfähigkeit dieser Doppelbahn durch den Bau von Überho-

lungsgleisen und die Einschaltung von Blockstellen, als Maßnahmen höchster Priorität, laufend erhöht. Diese wichtige Abfuhrstrecke wurde bis und über ihre maximale Kapazität belastet. Über 200 Züge passierten täglich den Bahnhof Regensburg-Walhallastraße, der zugleich die Funktion eines Vorbahnhofes für die Bahnhöfe Regensburg Hbf und Regensburg-Ost mit betrieblichen Aufgaben beim Rückstau im Zugverkehr hatte.

Regensburg – Hof gehörte als Mittelstück der Nord-Süd-Magistrale Leipzig – München mit zu einem geplanten Hochgeschwindigkeitsnetz mit Schnelltriebwagen. Stundenlang folgten die Züge in einem aufs äußerste verdichteten Zugverkehr im Blockabstand und donnerten durch den Bahnhof und über die Donaubrücke. Der pulsierende Dampfschlag der Lokomotiven, das Stampfen und Rattern der schweren Züge und das Dröhnen des eisernen Brückenüberbaues lagen fast beständig in der Luft. Dazu überlagerte sich das Aufbrüllen der Kesselsicherheitsventile unter Hochdruck stehender Lokomotiven auf dem Überholgleis wartender Züge.

Regensburg-Walhallastraße hatte einen erheblichen Wagenladungsverkehr, der durch die Betriebserweiterung der Holz-

131

verzuckerung und durch Produktionssteigerung der Kalkwerke, des Imprägnierwerkes Richtberg und des Reichsbahnschwellenwerkes beständig anwuchs. 1939 belief sich das Transportaufkommen im Ein- und Ausgang des Wagenladungsverkehrs auf 382 972 t.

Jede Menge Arbeit gab es während der Gemüse- und Rettichsaison. Aus den bekannten Anbaugebieten bei Weichs wurden Gemüse und Rettich in großen Mengen auf die Bahn gebracht. Der Dienst auf dem Bahnhof galt bei einer damals üblichen Wochenarbeitszeit von 60 Stunden als schwierig.

Gegen Ende des Krieges

Durch die Nähe des Donauhafens, der wichtigen Eisenbahnbrücke, des Holzverzuckerungs-Werkes und anderer Fabrikanlagen geriet die Walhallabahn mit in das Zielgebiet der Fliegerangriffe. Wie ein Geisterzug huschte das Bockerl nachts mit abgeblendeten Laternen und dunklen Abteilen aus dem bedrohten Gebiet hinaus.

Bei Tag spürten Tiefflieger das Züglein auf und überflogen es mit aufheulenden Motoren. Mehrere Bomben schlugen neben dem Bahnkörper ein und ließen das Bockerl schwer erzittern. Bei einem Luftangriff am 20. April 1945 entstanden auf dem Lokalbahnhof an der Walhallastraße schwere Schäden. Aber trotz deutlicher Kriegsspuren fuhr das Bähnchen bis fast zum Schluß. Erst wenige Tage vor Kriegsende kam der Lokalbahnbetrieb zum Erliegen.

Den schwerwiegendsten Kriegsschaden erlitt die Kleinbahn nicht direkt, sondern durch die Sprengung der Steinernen Brücke und der Alten Regenbrücke, weil dadurch der lebenswichtige Straßenbahnanschluß zum Stadtzentrum verlorenging.

Das durch Bomben verwüstete Gelände des Regensburger Hafens (April 1945). Oben ist der Verlauf der Walhallabahn zu erkennen. (Freigeg., Reg. v. Mfr. – Luftamt Nordbayern – P 2571/1)

*Die kleine Bahn an der Grenze
ihrer Leistungsfähigkeit*

In den ersten Nachkriegsjahren erlebte die Walhallabahn einen gewaltigen Aufschwung. Jedermann nahm wieder dankbar ihre Dienste in Anspruch. Täglich fuhren damals Tausende mit ihr zur Arbeit, zum „Hamstern" oder zum Pilzesuchen und Beerenpflücken in die Wälder des Fürstlichen Thiergartens. An den Stationen drängten sich die Fahrgäste scharenweise. Viele mußten zurückbleiben und ergrimmt zusehen, wie die überfüllten Züge abdampften. Sogar auf den Trittbrettern standen die Reisenden. 1947, das Jahr des stärksten Andranges, brachte einen Verkauf von beinahe 800 000 Fahrkarten.

Im Güterverkehr konnte der starke Frachtzulauf nicht mehr bewältigt werden. Im Herbstverkehr kam es zu unhaltbaren Zuständen. Die übermäßige Beanspruchung der Bahn während des Krieges hatte offensichtlich zu einem starken Schienenverschleiß geführt, denn bald nach dem Krieg wechselte die Bahnmeisterei 2 Regensburg die Schienen in verschiedenen Abschnitten aus.

Der starke Zustrom überstieg die Leistungsfähigkeit der Bahn, um die es bald wieder stiller wurde. Zur Entlastung des Schienenweges genehmigte die Regierung 1948 eine private Omnibuslinie.

Das Bestreben der Deutschen Bundesbahn, sich das Reisepublikum zu erhalten, führte ab Januar 1949 durch eine eigene Kraftlinie nach Wörth a. D. zu dem Kuriosum, daß die Walhallabahn nun durch den eigenen Betrieb Konkurrenz erhielt. Zwei weitere Busunternehmen verschärften den Wettbewerb.

Zunehmend wurden die Omnibusse bevorzugt. Nur im Berufs- und Schülerverkehr konnte wegen der billigeren Tarife das Feld noch behauptet werden. Die Bilanz geriet stark ins Defizit; es überstieg 1949 schon 100 000 DM.

*Kampf um Modernisierung und
Erhalt der Bahn*

Diese Entwicklung erfüllte die mit ihrer Bahn eng verbundenen Gemeinden mit ernster Sorge. Sie schalteten ihre Volksvertreter bei Bund und Land ein und drängten auf Modernisierung. Die Möglichkeit, auf das Bockerl ganz zu verzichten, hielt man damals für völlig ausgeschlossen.

Bei der ersten Grenzlandreise des Bundesverkehrsministers Seebohm im Januar 1950 kam auch das Walhallabahn-Problem zur Sprache. Ausbau auf Vollspur und Anschluß an den Regensburger Hauptbahnhof, lauteten die Forderungen. Andere Kreise setzten sich sogar für einen Weiterbau bis Straubing oder Bogen ein. Selbst vor den Bundestag kam die Angelegenheit. 1951 wurde der Personenverkehr erstmals eingeschränkt. Die Züge waren so schwach besetzt, daß ab Oktober 1952 die vollständige Betriebsruhe an Sonntagen eingeführt wurde. Viele sahen darin ein erstes Anzeichen für die Stillegung. Dessen ungeachtet zog das Bockerl mit viel Rauch und Dampf die stets leerer

133

Mit Volldampf durch die Winterlandschaft bei Donaustauf (um 1955)

Das Walhalla-Bockerl läuft festlich geschmückt in den Bahnhof des Jubiläumsortes Reinhausen ein (1958)

werdenden Züge weiter brav und treu durch die Gegend.

Ein harter Kampf entfachte sich um den Fortbestand der Bahn. Alle möglichen Vorschläge tauchten auf. So sollte die Doppelspur zum Chemiewerk in Schwabelweis bis Donaustauf verlängert werden, um den Ausflugsort mit Schienenomnibussen anfahren zu können. Eine andere Variante befaßte sich mit dem Einsatz der Regensburger Straßenbahn bis Wörth a. D. in Betriebsgemeinschaft mit den Stadtwerken. Selbst die damals aktuellen Straßenschienenbusse standen zur Debatte. Wegen der großen Zahl von 183 Bahnübergängen, die höhere Fahrgeschwindigkeiten nicht erlaubten, scheiterten alle diese Pläne.

Mit Schlagzeilen, wie „Dem WALHALLA-BOCKERL darf nichts passieren", „Kein Omnibus kann die Walhallabahn ersetzen", „Kleine Bahn mit großen Sorgen", „Walhallabahn ade", fand die Sache reichlichen Widerhall in der Presse.

Trotz Rationalisierung weiterhin im Defizit

Zu einer wichtigen Konferenz lud die Bezirksregierung im März 1953 ein. Auch hier zeichnete sich keine günstige Zukunft für die Linie ab. Die Ursache der Verkehrsmisere lag, wie man sich ausdrückte, darin, daß damals, 1933, der Walhallabahn mit der erzwungenen Stillegung der Vorortsstrecke „der Kopf abgehakt wurde".

Nachdem eine Verbesserung des Betriebsergebnisses durch eine Verkehrssteigerung nicht mehr erwartet werden konnte, wurden alle Rationalisierungsmöglichkeiten ausgenutzt. Die Einführung des vereinfachten Nebenbahnbetriebes 1955 brachte Einsparungen im örtlichen Betriebsdienst.

Schritt für Schritt wurden die Bahnhöfe der Hauptdienststelle Bahnhof Regensburg-Walhallastraße angegliedert. Ende 1955 unterstanden alle Bahnhöfe der Kleinbahn diesem Bahnhof. Trotz dieser Maßnahmen und des 1956 aufgenommenen Dieselbetriebes blieb die Bahn tief in den roten Zahlen.

Schwere Unfälle und gänzlicher Niedergang des Personenverkehrs

Die steigende Unfallgefahr an der Kreuzung mit der Bundesstraße 15 sorgte für neue Schlagzeilen. Mehrmals kamen dort Lkw erst im letzten Moment zum Halten. Trotz technischer Sicherung blieb der Übergang ein ständiger Gefahrenherd. Am 22. August 1955 ereignete sich dort der schon längst befürchtete Zusammenstoß, bei dem das Bockerl fürchterlich zu Boden ging.

Mit Nachdruck forcierten die Stadtväter nun ihre jahrelangen Bemühungen um Stillegung der Teilstrecke Reinhausen – Regensburg-Kalkwerk. Nach einem weiteren schweren Unfall am 6. Dezember 1956, bei dem die Diesellok entgleiste und der Dampfspeicherwagen gegen einen Alleebaum krachte, setzten sich am 14. Februar 1957 die Verantwortlichen zusammen. Stadt und Landkreis nahmen dabei konträre Standpunkte ein. Während Bürgermeister Herrmann nachdrücklichst die Auflassung der Teilstrecke forderte, lehnte Landrat Deininger dies kategorisch ab. Bei einem stark geschrumpften Personenverkehr belief sich der Wagenladungsverkehr in Reinhausen 1956 noch auf beachtliche 645 Wagen, vorwiegend Industrie- und Hausbrandkohle. Die Bundesbahndirektion war aus wirtschaftlichen Gründen und

Idyllisches Bähnchen (um 1955) zwischen Donaustauf und Tegernheim

Der Bahnhof Regensburg-Reinhausen in einem Meisterfoto von Gerd Wolff, aufgenommen am 28. Februar 1959. Diesellok V29 953 mit den Wagen C 20, C 24, C 19, C 15 und Pw 41

weil sie das Areal des Bahnhofs in Reinhausen für eine Wohnbebauung freibekommen wollte, selbst an der Stillegung interessiert.

Trotz Genehmigung der Betriebseinstellung durch den Bundesverkehrsminister waren die Probleme noch längst nicht gelöst. Die Bedienung der Gleisanschlüsse Schönfeld, Kaiser, Mitterer und Günther erforderte bei Auflassung des Bahnhofs Regensburg-Reinhausen unbedingt östlich der Nordgaustraße ein Umfahrgleis, dessen Herstellung sich verzögerte. So wurde zwar am 31. Mai 1959 der öffentliche Verkehr zwischen Reinhausen und Regensburg-Kalkwerk eingestellt, die Rangierabteilungen für die Anschlußbedienung mußten aber weiterhin nach Reinhausen hineinfahren, um die Lok umsetzen zu können.

Bevor es zum zweiten Male gestutzt wurde, hatte sich das traditionsreiche Bockerl nochmals in ein festliches Gewand gehüllt. Zur 950-Jahr-Feier Reinhausens lief es mit Girlanden behangen in den Festort hinein. Der Lokomotivführer trug zur Feier des Tages wie in alten Zeiten einen schwarzen Rock, Stehkragen und Zylinder.

Zwischenzeitlich wurden im Bahnhof Regensburg-Reinhausen bereits Gleise und Weichen demontiert. Die Bezirksregierung sprach sich im Hinblick auf die zu erwartende Einstellung des Personenverkehrs dafür aus, nun gleich Remedur zu machen, die gesamte Gleisanlage bis Wörth a. D. zu entfernen und die Bahntrasse zum Ausbau der Straße, insbesonders zum Bau von Ortsumgehungsstraßen, zu verwenden. Schließlich kam das Umfahrgleis beim Konsumverein doch noch zustande. Seit 14. November 1960 konnte die Bedienungslok nun dort umsetzen. Unmittelbar darauf folgte die Entfernung der Gleisan-

lagen bis hinter die Nordgaustraße. Die Gebäude des Bahnhofs in Reinhausen wurden später abgerissen. Auf dem alten Bahnhofsgelände entstand eine Grünanlage.

Deutlich zeichnete sich das nahe Ende des Reisezugbetriebes ab, der 1959 nur noch ein Zugpaar aufwies. Auch die letzten Fahrgäste kehrten der Lokalbahn den Rücken zu. Fuhren mit den Omnibussen bald 2000 Personen täglich, so brachte es der „Walhalla-Expreß" mit Mühe und Not auf ein Dutzend Insassen. Am 1. Oktober 1960 fuhr der letzte Personenzug.

Unfall am 22. August 1955.
Meister Bockl liegt schwer getroffen
auf dem Boden

Zugkreuzung in Sulzbach a. D. am 28. Februar 1959. Diesellok V29 251 mit Güterzug Richtung Regensburg, V29 953 mit Personenzug Richtung Wörth a. D.

Bahnhof Wörth a. D. am 28. Februar 1959. Nach Ankunft auf der Endstation umfährt die V29 die Wagengarnitur. Links der Lokschuppen mit Wagenremise

Herbstverkehr wie in alten Zeiten

In den sechziger Jahren fristete die Kleinbahn ein bescheidenes Dasein. Übrigge-
blieben war nur der Güterzug, der einmal
am Tag die Strecke bediente. An der Gleisanlage nagte bereits der Rost und zwischen den Schwellen wucherte das Unkraut. Aber noch besaß der Güterverkehr
einen Umfang von jährlich etwa 30 000 t.
Zuglasten von 300 t waren keine Selten-
heit. Vor allem der Versand von Flußspat
hielt die Linie noch einigermaßen be-
triebswürdig. Im Herbst florierte der Verkehr sogar wie in alten Zeiten. Dann
reichten die 42 Rollböcke mit 18 t nicht
mehr aus und mußte auch mit 15-t-Roll-
böcken gefahren werden.
Ein beträchtliches Frachtaufkommen
brachten auch die Firmen Lederfabrik
Günther, Eisenwerk Mitterer, Stahl- und
Maschinenbau J. Kaiser und die Textilan-
stalt Schönfeld, die über das zum Stamm-
gleis umfunktionierte Streckengleis westlich Walhallastraße bedient wurden, noch
auf die Schiene. Zusammen hatten diese
Unternehmen 1964 noch einen jährlichen
Wagenverkehr von über 500 Wagenladungen.
Um 1960 traten Umstände auf, die sich
ungünstig auf den Fortbestand dieses
Stammgleises auswirkten. Die Stadt beabsichtigte einen Ausbau der Donaustaufer
Straße. In der Bahnunterführung befand
sich die Gleisanlage in einem desolaten
Zustand, der dringend eine Gleiserneuerung gebot. Unfälle von Moped- und Rad-
fahrern infolge ausgefahrener Spurrillen

häuften sich. Des weiteren strebte das
Straßenverkehrsamt Regensburg eine Verbesserung der Verkehrsverhältnisse im Bereich der Unterführung durch Vergrößerung der Durchfahrtshöhe und Beseitigung des Bahngleises an.
Als Alternative bot sich ein Umbau der
Fabrikanschlüsse auf Normalspur mit Anschluß an die Industriegleisanlage der Imprägnieranstalt Richtberg an, was nach
schon weitgediehener Planung wegen Um-
strukurierung im Imprägnierwerk allerdings nicht zustande kam. Selbst eine Bedienung mit Straßenrollern hatte man ins
Auge gefaßt.

Walhallabahn steht Straßenausbau im Wege

Auch die Zukunft der Schmalspurbahn
war nicht rosig. Die Walhallabahn stand
der rasanten Entwicklung im Straßenverkehr im Wege. Im Zuge des Brückenschlages über die Donau bei Pfatter ging man
1962 mit dem Plane um, die Bundesstraße 8
zwischen Regensburg und Pfatter auf die
nördliche Donauseite zu verlegen. Hierfür
wäre der Bahnkörper der Walhallabahn
notwendig gewesen.
Solange der Güterverkehr, wie um 1962
mit 590 000 DM Gesamteinnahmen für
die DB interessant blieb, kam eine Betriebseinstellung nicht in Frage. Obwohl
bei Sulzbach a. D. nur noch wenig Flußspat abgebaut wurde, lief die Flußspat-
mühle am Bahnhof mit guter Auslastung
weiter. Das Gros des Rohproduktes lief
zwar auf der Straße zu, der Versand der

Das Dampfzeitalter auf der Walhallabahn ist passé. Hier Diesellok V29 951 mit Güterzug in Wörth a. D.

Der Bahnhof Bach a. D. (1967)

Mahlprodukte blieb jedoch der Schiene erhalten. Beachtlich blieb auch der Rübenverkehr während der Zuckerrübenkampagne.

Die neue Querverbindung zwischen der Bundesstraße 8 und der Staatsstraße nach Wörth a. D. machte einen Ausbau dieser Straße wünschenswert. Die Oberste Baubehörde hielt einen Straßenneubau auf dem Bahnkörper der Walhallabahn für optimal. Unter diesem Sachzwang und bei der sich nun deutlich verschlechternden Rentabilität durch den Rückgang der Flußspattransporte zeichnete sich das endgültige Aus für die Bahn jetzt konkret ab.

Noch einmal bäumte sich der Landkreis gegen das Stillegungsgespenst auf. Währenddessen stiegen die Verlustziffern weiter.

Am 1. April 1966 wurde der Stückgut- und Expreßgutverkehr aufgehoben. Die Würfel fielen am 30. Januar 1968, als der Bundesverkehrsminister der Gesamtstillegung zustimmte.

Letzte Zugfahrt und Demontage

Nach fast 80 Jahren vollzog sich am Silvestertag 1968 der Schlußakt. Kaum beachtet schleppte das Bockerl bei klirrender Kälte ein letztes Mal seine Last am Donauufer entlang. Wehmütig tönten die Signalpfiffe über die verschneiten Donauauen, und nachdenklich verrichteten Oberschaffner Franz Xaver Fuchs, Oberlokomotivführer Josef Pöpperl und Hauptschaffner Johann Stadlbauer, das letzte Personal der Walhallabahn, ihren Dienst. Eingesäumt von rauhreifbeladenen Baumgruppen blickte das Bauwerk herab, von dem die Bahn ihren Namen hatte. Nur ein paar Fichtenbäumchen zierten den letzten Zug, mit dem ein Kapitel Lokalbahngeschichte zu Ende ging.

Mit der Betriebseinstellung zwischen Regensburg-Kalkwerk und Wörth a. D. ging auch die Grundlage für die Anschlußbedienung zwischen Walhallastraße und Nordgaustraße verloren.

Schon frühzeitig hatten Vorüberlegungen über die zweckmäßigste Art des Bahnrückbaues stattgefunden. Der Rückbau wurde dann auf dem Submissionswege vergeben und das Oberbaumaterial auf Abbruch verkauft. Den Zuschlag erhielt eine Hamburger Firma. Binnen weniger Monate war bis zum Wintereinbruch 1970 im Abschnitt Kalkwerk – Wörth a. D. der Rückbau vollzogen. Brücken und Durchlässe blieben ausgespart. Im Frühjahr 1971 folgte die Demontage westlich von Walhallastraße. Das Abbruchmaterial belief sich auf 1 160 t Schienen, 430 t Kleineisen und 130 t Weichen. Die Masse der Schwellen verblieb im Bahnkörper, nachdem sie für die vorgesehene Verwendung als Grubenholz nicht mehr taugten.

Die Demontage der Gleisanlagen im fortgeschrittenen Stadium

141

Die Walhallabahn-Lokomotive 99 253 als Denkmal in der Nähe des Regensburger Hauptbahnhofs

Das Lokomotiv-Denkmal seit 18. Mai 1976 auf beziehungsreichem Platz an der Schiffahrtsschleuse in Stadtamhof

Das Bockerl als Lokomotivdenkmal

Dem Schmelzofen entrissen

Dem Eisenbahnfreund Dr. Peter Erhard Kristl ist es zu verdanken, daß es in Regensburg ein Lokomotivdenkmal gibt. Die Ausmusterung der Lok 99 253 fiel in eine Zeit, als bei der Deutschen Bundesbahn das große Dampfloksterben begann. Die Zukunft gehörte der elektrischen Traktion und den Diesellokomotiven. In einer großen Ausmusterungswelle wurden im September 1960 876 Dampfloks ausgemustert, zu denen auch die 99 253 gehörte. Die Maschine war bereits der Zerlegestelle der Firma Andorfer in Straubing zur Verschrottung zugewiesen und ihr Abtransport bereits verfügt. Für einen Erhalt dieser traditionsreichen Lok gab es kaum noch Hoffnung.

Dr. Kristl gab nicht auf, setzte alle Hebel in Bewegung und konnte praktisch in letzter Minute die Bahnverantwortlichen doch noch für seine Idee gewinnen, dieses Lokexemplar als Denkmalslokomotive der Nachwelt zu erhalten. Die Bahnverwaltung zog den Verschrottungsauftrag zurück und wies dafür der Firma Andorfer die Nebenbahnlok 98 1018 zu, die nun die Fahrt ohne Wiederkehr nach Straubing anzutreten hatte.

Das Bahnbetriebswerk Regensburg zerlegte die bereits vom Rost befallene Maschine in sämtliche Bestandteile und führte eine vorbildliche Restauration durch, nach deren Abschluß der Lokomotivveteran, Baujahr 1908, wie fabrikneu in frischem Glanz erstrahlte.

Am 23. August 1962 wurde die Lokomotive in der Nähe des Regensburger Hauptbahnhofs, gleich gegenüber der Bundesbahndirektion Regensburg, auf den Denkmalssockel gehoben und der Öffentlichkeit übergeben.

Ähnlich wie in der langjährigen Betriebszeit wechselten auch am neuen Bestimmungsort Licht- und Schattenseiten. Bald hatten zweifelhafte Souvenirjäger die Denkmalslok von allen nicht niet- und hammerfest angebrachten Ausrüstungsgegenständen entblößt.

Manche Zeitgenossen degradierten das Denkmal dort zur penetrant riechenden Latrine.

Heimkehr nach Stadtamhof

Mit der Umfunktionierung der Bahnhofstraße zur Omnibushinterstellung geriet das Bockerl immer mehr in den Hintergrund. Deplaziert fristete es die letzten Jahre, bis sich beherzte Männer der Sache annahmen. Es war höchste Zeit, denn die Auflösung der Bundesbahndirektion Regensburg, in deren Obhut sich das Denkmal befand, stand kurz bevor. Unter verschiedenen Vorschlägen für einen neuen Standort, fiel die Wahl schließlich auf Stadtamhof. Dorthin kehrte die 99 253 dann nach einer Auffrischungskur im Gleislager Regensburg am 18. Mai 1976 zurück.

In Stadtamhof wurde dem heimkehrenden WALHALLA-BOCKERL ein großer Bahnhof bereitet, mit Spalier stehenden Menschen und Blasmusik, genau wie anno 1889, als der erste Walhallabahnzug auf die Reise ging. „Gott sei Dank, daß wir unser Bokkerl wieder haben", konnte man dabei von älteren Stadtamhofer Bürgern vernehmen. Dort, an der Schleuse des Rhein-Main-Donau-Kanals steht das legendäre Bockerl heute noch und hoffentlich noch viele, viele Jahre.

Die Ära der Walhallabahn ist zwar längst vorbei, vergessen ist die wechselvolle Geschichte dieser legendären Bahn jedoch noch lange nicht. Die Walhallabahn gehört zur Heimatgeschichte. Bei Heimatveranstaltungen hat das Thema nach wie vor seinen Stellenwert. Besonders zu erwähnen sind die Walhallabahn-Aktivitäten des Vereins Regensburger Straßenbahn-, Walhallabahn- und Eisenbahnfreunde e.V. In mühevoller und zeitaufwendiger Detailar-

beit hat dieser Verein 1991 eine originalgetreue, sehenswerte Modellbahnanlage der Teilstrecke Stadtamhof – Walhallastraße angefertigt, die in der Öffentlichkeit großen Anklang fand.

Das Bockerl 99 253 abgerüstet und bereits verladen zur Verschrottung

Walhallabahn ade! Letzte Fahrt am 31. Dezember 1968

Der Betriebsdienst der Walhallabahn beruhte ursprünglich auf der Bahnordnung für die bayerischen Eisenbahnen untergeordneter Bedeutung vom 5. März 1882. Mit Rücksicht auf den Straßenbahncharakter erließ die Kreisregierung ergänzend sogenannte Oberpolizeiliche Vorschriften, deren erste Fassung vom 29. Oktober 1889 aus einer Unmenge Paragraphen bestand, die die Sicherheit und Ordnung des Bahnbetriebes bis in die letzten Einzelheiten regelten. Betriebspersonal, Fahrgäste und Publikum hatten sich streng daran zu halten. Manche dieser im früheren Amtsstil geschriebenen Auflagen rufen heute Schmunzeln hervor. So hieß es u. a.: „Es ist den Fahrgästen verboten, Hunde hinter oder neben den Zügen herlaufen zu lassen."

Besondere Aufmerksamkeit widmeten die „Oberpolizeilichen" der Fahrt durch die Straßen und dem Scheuen der Tiere. Für den Fall einer Gefahr schrieben sie augenblickliches Stillhalten des Bahnzuges vor. Zum Scheuen geneigte Zugtiere mußten scharf am Zügel gehalten werden, oder es hatte der Fuhrwerkslenker vom Bock herunterzusteigen und seine Tiere am Kopf zu halten.

Ab 1893 galt die Bahnordnung für die Nebeneisenbahnen Bayerns, ab 1905 die Bau- und Betriebsordnung für die Haupt- und Nebeneisenbahnen Bayerns. Neue Oberpolizeiliche Vorschriften erschienen am 18. Mai 1900 bzw. am 15. September 1903 und am 25. Juni 1907.

Fahrdienst und Signalwesen regelten sich, wie auf allen bayerischen und württembergischen LAG-Linien, nach den Fahrdienstvorschriften und dem Signalbuch für die Eisenbahnen Deutschlands. Für das Stations- und Fahrpersonal sowie den Bahnaufseher gab es besondere Instruktionen.

Ein spezielles Merkbuch für den Betriebsdienst der Walhallabahn enthielt örtliche Regelungen. Am 15. Mai 1936 kamen zur Einführung: Die vereinfachten Fahrdienstvorschriften, das vereinfachte Signalbuch, die vereinfachten Bahnbewachungsvorschriften und die vereinfachten Vorschriften für den Bremsdienst mit Saugluftbremsen.

Die Reichsverfassung von 1919 ordnete die Walhallabahn in die Gruppe der Bahnen des allgemeinen Verkehrs ein.

Zugfolge- und zugleich Zugmeldestellen waren ursprünglich die Stationen Stadtamhof-Dultplatz, Walhallastraße-Lokal-Bahnhof, Donaustauf, Sulzbach a. D., Bach a. D. und Wörth a. D. Das Zugmeldeverfahren mit Anbieten, Annehmen, Abmelden und Rückmelden der Züge oblag den Fahrdienstleitern auf diesen Bahnhöfen. Zugkreuzungen durften nur in Zugmeldestellen stattfinden.

Die Bahnhöfe besaßen weder Hauptsignale noch Weichenstellwerke. Alle Weichen waren handbedient. Die im durchgehenden Hauptgleis der Bahnhöfe und auf der freien Strecke liegenden Weichen hatten Weichenschlösser. Ein ausgeklügeltes Schlüsselsystem stellte die richtige Weichenstellung für die Züge sicher.

Noch einige Sätze zur Zugbildung. Die Zugbildung der Personenzüge bestand um 1920 in der Regel aus einem Packwagen, einem Wagen II. und III. Klasse und 2 bis

5 Wagen III. Klasse. Am Schluß durften innerhalb der zulässigen Zuglast Lokalbahngüterwagen nach Bedarf eingestellt werden bzw. höchstens ein Hauptbahnwagen auf Rollböcken als Schlußläufer folgen. Der Güterzugbetrieb erfolgte normalerweise in gemischter Zugbildung aus Hauptbahnwagen auf Rollböcken und Schmalspurgüterwagen als Sammelwagen für den Stückgutverkehr oder, was häufig vorkam, als Drehschemelwagen mit Langholz.

Erst um 1936 wurden auf der Walhallabahn zur Überprüfung der Bremskraftverhältnisse im Zug für die luftgebremsten Fahrzeuge die Bremsgewichte ermittelt und an den Fahrzeugen angeschrieben. Nun war durch Berechnung der Bremshundertstel bei jedem Zug festzustellen, ob die geforderten Mindestbremshundertstel vorhanden waren. Damit wurde es aber im Kleinbahnalltag nicht immer so genau genommen. Es wurde halt mit dem Güterzug abgefahren, was an Wagen gerade dastand, gleich, ob die Bremsprozente ausreichten oder nicht. Die Hauptsache war, daß die Maschine den Zug noch zog. Man fuhr dann etwas langsamer und die Sache hatte sich.

Die Lokomotiven 61, 62 und 67 nahmen zwischen Stadtamhof und Donaustauf ein Zuggewicht von 80 t und nach Wörth a. D. 100 t. Die schwere Güterzuglok 64 und die Dieselloks V29 packten immerhin 300 t. Die größte zulässige Fahrgeschwindigkeit wurde 1928 von 25 auf 35 km/h erhöht. Davon abgesehen brachten es die schweren Maschinen ohne weiteres auf 50 km/h und mehr, wenn der Lokomotivführer seinem Feuerroß die Zügel locker ließ. Die Belegschaft umfaßte bei der Eröffnung 1889: 1 Betriebsleiter, 1 Haltestellenwärter, 1 Zugführer, 1 Bahnmeister, 1 Oberlokomotivführer, 1 Lokomotivführer, 1 Heizer, 1 Stationsdiener und 1 Bahnaufseher. Der Personalbestand erhöhte sich bis 1913 auf 60 Bedienstete und erreichte 1928 die stattliche Zahl von 73 Bediensteten.

Den Betriebsleiter bestätigte der Staatsminister. Zum ersten Betriebsleiter wurde der Expedient der Oberstdorfer Lokalbahn, Friedrich Schlennert, bestellt, den 1890 Heinrich Seifert (bis 1895) ablöste. Nur kurze Zeit unterstand die Linie Georg Gerst.

Viktor Martini hieß der nächste, bis 1897 tätige Betriebsvorstand. Über drei Jahrzehnte führte Georg Oberhauser, der von der Lokalbahn Murnau – Garmisch-Partenkirchen kam, den Betrieb, bevor Xaver Huber als letzter Bahnvorstand tätig war.

Die Konkurrenz der Walhallabahn im Personenverkehr in mächtiger Fahrt durch das Hochwasser beim Bahnhof Donaustauf

Anfangs beförderte die Walhallabahn nur Personen und Gepäck. Durch Fabrikanten und Kaufleute angeregt, führte sie am 1. Mai 1892 den Vieh- und Stückgutverkehr und am 20. Januar 1893 den Eilgut- und Wagenladungsverkehr ein. Sie gehörte ab 8. September 1894 dem Deutschen Eisenbahn-Verkehrsverband an und wurde 1898 in das internationale Übereinkommen über den Eisenbahnfrachtverkehr aufgenommen.

Bis 1892 beruhte der Verkehrsdienst auf dem Betriebsreglement für die Eisenbahnen Deutschlands, an dessen Stelle die Eisenbahn-Verkehrsordnung trat.

Besondere Verträge mit der Generaldirektion der K. B. Posten und Telegraphen regelten das Postgeschäft in den Zügen, das zuerst dem Zugführer und ab 1903 einem Beamten des Postamtes Stadtamhof oblag. Im selben Jahr kam der Expreßgutdienst hinzu.

Zu jeder Zeit stand die Walhallabahn im mehr oder weniger harten Wettbewerb mit anderen Verkehrsträgern. Schon 1896 ließ sich die Lokalbahn-Aktiengesellschaft ihre Tarife als Maximaltarife genehmigen, um der „hochgradigen Konkurrenz" rasch begegnen zu können. Der Wettbewerb mit den Automobilen setzte erstmals 1908 ein, als eine Motorpostlinie zur Walhalla und bis Sulzbach a. D. ihren Fahrbetrieb aufnahm. Den stärksten Personenverkehr vor dem I. Weltkrieg gab es 1910, dem Jahr der Oberpfälzischen Kreisausstellung in Regensburg. Ein lebhafter Verkehr wickelte sich an den Oster- und Pfingstfeiertagen ab, an denen Tausende zur Walhalla und in

den Fürstlichen Thiergarten fuhren. Zug auf Zug mit überfüllten Wagen dampfte während der Blütezeit an diesen Tagen durch die Donauauen.

Der Güterverkehr spielte bis zur Jahrhundertwende keine Rolle. Erst nach dem Bau des Zinstag-Gleises und der Fortsetzung nach Wörth a. D. ging es damit schwunghaft aufwärts. In der Vorkriegszeit erzielte er 1913 mit 82 854 t sein größtes Aufkommen. Zu den gängigsten Frachtartikeln zählten gebrannte Steine, Kohlen, Holz, Feldfrüchte und Getreide. Daneben spielte der Biertransport keine unbedeutende Rolle. Er bezifferte sich 1916 auf 927 t. Der Viehverkehr, der sich hauptsächlich nach Stadtamhof zu den Viehmärkten bewegte, konnte sich ebenfalls sehen lassen. Über tausend Stück Großvieh und ebensoviel Kleinvieh wurden alljährlich verfrachtet. Das Wildbret aus dem Fürstlichen Thiergarten beförderte ebenfalls die Walhallabahn.

Während es mit dem Reiseverkehr 1926 bergab ging, erlebte der Güterverkehr nochmals eine Blüte. In Sulzbach a. D. liefen die Flußspatmahlwerke auf vollen Touren. Das glitzernde Mineral rollte zum Bahnhof Walhallastraße zum Weiterversand nach ganz Deutschland und ins Ausland bis nach Australien.

Nach dem Rekordjahr 1928 schrumpfte auch das Frachtaufkommen, was 1930 mit zum ersten Defizit führte. Von diesem Zeitpunkt an arbeitete das Bähnchen Jahr für Jahr mit roten Zahlen. Aus der einst ertragreichen Strecke war eine der notleidendsten Linien der Lokalbahn-Aktienge-

sellschaft geworden. Aus Rationalisierungsgründen wurde die Stückgutbedienung am 1. Oktober 1936 auf die Straße verlagert.
Die Walhallabahn hatte ursprünglich einen eigenen Lokaltarif. Am 1. Mai 1901 vereinheitlichte die Lokalbahn-Aktiengesellschaft ihr Tarifwesen, indem sie für ihre bayerischen Linien einen gemeinsamen Tarif herausgab.

Am 15. April 1898 gelangten mit deutschen und am 15. Mai selbigen Jahres mit ausländischen Bahnen direkte Tarife zur Anwendung. Ein eigenes Verkehrskontroll- und Abrechnungsbüro in München rechnete den Verkehr mit fremden Bahnen ab.
Zu den Grundtaxen der Staatsbahn wurden Entfernungszuschläge erhoben. Diese vielbeschimpften Lokalbahnzuschläge entfielen erst nach der Verstaatlichung.

Betriebsergebnisse während der einzelnen Geschäftsjahre	Betriebs- jahr	Beförderte Personen	Beförderte Güter in t	Betriebs- jahr	Beförderte Personen[1]	Beförderte Güter in t[2]
	1889	71022	–	1927	216970	77408
	1890	121682	–	1928	249894	90363
	1891	128242	–	1929	229106	72806
	1892	128725	460	1930	197324	66959
	1893	141922	999	1931	173883	50431
	1894	145242	1084	1932	145757	43690
	1895	151379	1199	1933	141510	42882
	1896	158447	1630	1934	195228	47911
	1897	173539	1512	1935	221914	52621
	1898	173987	1901	1936	232448	50390
	1899	190732	4454	1937	248901	54415
	1900	212781	22598	1938	174332	33284
	1901	201929	26414	1939	226875	68104
	1902	199864	33334	1940	310671	77076
	1903	244251	37969	1941 [3]	383983	69677
	1904	259297	45109	1947	779317	55981
	1905	250440	53071	1948	577324	66509
	1906	274543	55721	1949	187415	52296
	1907	293389	60870	1950	119829	55462
	1908	316722	58794	1951	95376	62249
	1909	346008	60524	1952	50570	57238
	1910	379311	64917	1953	27439	49315
	1911	353470	75795	1954	20232	50207
	1912	340494	73021	1955	18574	53258
	1913	348897	82854	1956	13647	53254
	1914	272906	68335	1957	9632	54383
	1915	225094	59293	1958	7188	49560
	1916	270749	66950	1959	3147	40980
	1917	328998	81857	1960	979	33747
	1918	382550	72481	1961	–	27949
	1919	348675	58913	1962	–	29491
	1920	283059	64118	1963	–	29144
	1921	377628	66403	1964	–	31835
	1922	460290	63692	1965	–	23819
	1923	421135	54921	1966	–	25079
	1924	304609	56495	1967	–	21888
	1925	349827	80091	1968	–	22902
	1926	255559	68530			

1) *Ab 1939 Zahl der verkauften Fahrkarten.*
2) *Ab 1939 Summe des Gütereinganges und Güterausganges auf den einzelnen Bahnhöfen.*
3) *Für 1942 bis 1946 keine Werte vorhanden.*

„Glaspalast" und „Glaschaisen"

Die Mehrzahl der Walhallabahn-Lokomotiven stammte aus der Lokomotivfabrik Krauß & Co. AG München & Linz a. D. Für die Stammlinie Stadtamhof – Donaustauf lieferte Krauß & Co. 1889 zwei 50pferdige Straßenbahnlokomotiven (13 und 14), denen 1895 eine dritte gleicher Bauart mit der Betriebsnummer 39 folgte. Diese Triebfahrzeuge genügten für den ursprünglich fast reinen Personenzugbetrieb.

Über dem Untergestell hatten diese Maschinen einen kastenförmigen Aufbau mit allseitiger Verglasung, in dem sich der Führerstand und die gesamte Kesselanlage befanden. In der Umgangssprache hießen diese Loks „Glaspalast", „Glaschaisen" oder „Glaskasten". Bei den steigenden Zuggewichten bekamen diese leichten Dampfrösser vor allem in den Brückenauffahrten Zugkraftprobleme.

Bahnverlängerung erfordert Verstärkung der Zugkräfte

Der Bau der Wörther Linie erforderte stärkere Dampfrösser. So kamen mit diesem Verkehrszuwachs drei Stück 100pferdige Tenderlokomotiven (61, 62, 67) hinzu, die sich auch bei dem immer stärker werdenden Güterverkehr wohl bewährten.

Bei der Konstruktion dieser Lokomotiven mußte die zu geringe Tragfähigkeit der Regenbrücke berücksichtigt werden, was zu einer langgestreckten vierachsigen Lokomotivbauart führte, die sich durch sehr gute Laufeigenschaften auszeichnete. Ursprünglich nur für die Höchstgeschwindigkeit von 25 km/h zugelassen, liefen diese Feuerrösser, wie spätere Versuchsfahrten zeigten, auch bei wesentlich schnellerer Fahrt noch ruhig und sicher. So gab es keinerlei Probleme, als 1928 die zulässige Geschwindigkeit der Personenzüge auf 35 km/h erhöht wurde.

Die Lokomotiven hatten mit ihren drei Kuppelachsen und der Bissel-Laufachse, dem schlanken Kessel und dem krempenförmigen Kaminaufsatz das typische Aussehen der Krauß'schen Standard-Kleinbahnlok. Jedes dieser Dampfrösser brachte über 50 Betriebsjahre zusammen. Einer dieser Lokveteranen konnte sogar dem Schmelzofen entgehen und als Lokomotivdenkmal überdauern.

Alle von Krauß & Co. gelieferten Walhallabahn-Lokomotiven hatten einen Kastenrahmen für die Aufnahme des Speisewassers.

Als der Magistrat Stadtamhof 1913 die Wasserversorgungsstelle in der Hauptstraße beseitigen ließ, kam es bei den langen Lokumläufen der im Personenzugdienst eingesetzten C1'n2-Loks bei dem geringen Fassungsvermögen des Kastenrahmens zu Engpässen im Speisewasservorrat. Durch den Anbau von Wasserkästen beiderseits des Kessels wurde der Wasservorrat entsprechend vergrößert.

Die Verpflichtung zur Koksfeuerung im Abschnitt Stadtamhof-Reinhausen ließ sich im Betriebsalltag nicht durchhalten. Nach permanenten Beschwerden über Rauchbelästigung plante die Bahnverwaltung einen

Einbau von Rauchverzehrungsapparaten System Markotty in die Loks 61, 62 und 67. Wegen der Lieferschwierigkeiten im I. Weltkrieg bekam dann nur die 62 diese Ausrüstung.

Lokverstärkung von Weingarten

Die drei Tramwaymaschinen aus der Eröffnungszeit traten wegen zu geringer Zugkraft immer mehr in den Hintergrund. Häufig leistete eine dieser Loks auf einer anderen schmalspurigen LAG-Linie Dienst. Um den gesteigerten Anforderungen einigermaßen zu entsprechen, wechselte die Lokalbahn-Aktiengesellschaft 1910 die durch Elektrifizierung der Lokalbahn Ravensburg – Weingarten frei gewordenen Tramwaymaschinen 1 und 2 zur Walhallabahn um, worauf die Tramwayloks 13 und 14 1911 auf das Abstellgleis kamen. Auch die letzte der ursprünglichen „Glaschaisen", die 39, mußte 1918 den Dienst quittieren und wurde verkauft. Vorher stand sie seit 1916 außer Betrieb gesetzt in Donaustauf.

Vor ihrem Einsatz mußten die Loks 1 und 2 durch Verringerung ihrer Breite von 2500 auf 2200 mm dem Fahrzeugprofil der Walhallabahn angepaßt werden. Wegen schadhafter Feuerbüchse wurde die Lok 2 im Dezember 1915 abgestellt. Der Einbau einer neuen Feuerbüchse war zunächst nicht möglich, da Kupfer im Krieg als Sparmetall streng rationiert war. Erst im März 1918 wurde die Maschine nach Einbau einer flußeisernen Feuerbüchse reaktiviert.

Die Lok 63, ein „Schaukelpferd"

Als nach dem I. Weltkrieg auch die beiden „Glaskästen" aus Weingarten im Zug- und Rangierdienst nicht mehr genügten und die größeren 3-gekuppelten Dampfloks durch starke Inanspruchnahme den Dienst alleine nicht mehr schafften, bedurfte es dringend eines kräftigeren Dampfrosses. So bekam die Walhallabahn als Verstärkung eine preußische T 3[1], die 1921 durch die Ostdeutsche Bahn- und Transportgeräte-Industrie von der Steinkohlengrube Myslowitz überwiesen wurde. Sie erhielt die Betriebsnummer 63.

Diese nur für den reinen Güterzugdienst vorgesehene Lok befand sich in einem stark desolaten Zustand und mußte vorher einer gründlichen Überholung unterzogen werden. Als die Maschine dann im Betrieb stand, sollte sie im Interesse eines wirtschaftlichen Lokomotivumlaufs unbedingt auch bis Stadtamhof eingesetzt werden. Diese Bestrebungen scheiterten aber an der Statik der Regenbrücke, da die relativ schwere Lok bei nur drei Radsätzen zu große Achsdrücke auf das Gleis brachte. Die 63 war beim Personal nicht sonderlich beliebt, da sie wegen ihres kurzen Achsstandes stark schaukelte und schlingerte.

Das Paradepferd

Die Firma I. A. Maffei, München, lieferte 1926 mit der einzigen Heißdampflokomotive, die die Betriebsnummer 64 erhielt, das Paradepferd der Walhallabahn. Als schwerste und stärkste Dampflok besorgte sie nun den Güterzugdienst. Auch für sie war die Regenbrücke gesperrt. Diese Lok machte die inzwischen altersschwach gewordenen Trambahnloks 1 und 2 sowie die Lok 63 arbeitslos. Die 63 wurde 1928 an die Kleinbahn-Genossenschaft Wallersdorf und Umgebung in Niederbayern verkauft. Auf der dortigen Rübenbahn Wallersdorf – Münchshöfen verursachte die Lok am

21. März 1931 einen schweren Betriebsunfall, als sie mit dem Zug 7 auf der Einfahrweiche in Vierhöfen mit allen Achsen entgleiste, umstürzte und auf Transporteurwagen verladene Hauptbahnwagen nachdrückten. Die Lokräder hatten total scharfe Spurkränze, wodurch es in der Weichenkrümmung zum gefürchteten Spurkranzaufklettern kam. Nach einer Zerlegung und genauen Schadaufnahme bei der Lokomotivfabrik Krauß & Comp. – I. A. Maffei wurde von einer Wiederherstellung der schwerbeschädigten Lok Abstand genommen und diese der Firma Neuhöfer & Co., München, zur Verschrottung überlassen. Da eine Ersatzlok fehlte, ruhte damals der Betrieb auf der Genossenschaftsbahn für mehrere Monate.

Zum Verkauf kam auch die Lok 2, die ab 1927 dem Rangierdienst in der ehemaligen Zellstoffabrik in Regensburg diente, wo sie später in eine tiefe Grube gestürzt sein soll.

Nach der Ausmusterung der Trambahnlok 1 im Jahr 1928 änderte sich der aus drei C1'n2 und einer Dh2 bestehende Lokomotivpark erst wieder nach Ende des Krieges.

Die Lok 1 erscheint ab 1921 nicht mehr in den Kesselrevisionsverzeichnissen, woraus zu schließen ist, daß sie von da ab bis zur Ausmusterung außer Dienst abgestellt war.

Lokexoten auf der Walhallabahn

Obwohl die 1949 aus Beständen der Wehrmacht bzw. der ehemaligen Organisation Todt hinzugekommenen zwei Stück Dreikuppler auf der Walhallabahn keine besondere Rolle spielten, sollen sie nicht unerwähnt bleiben. Beide hatten sie vorher während des Krieges auf der Insel Wangerooge Transporte für die Befestigung der Küste ausgeführt. Die 1910 von Weidknecht in Paris gelieferte und nach dem Ende des II. Weltkrieges als 99 281[II] genummerte Tenderlok stand auf der Walhallabahn nicht unter Dampf. Recht bescheiden war auch der Dienst der anderen, einer 1911 von Orenstein & Koppel gebauten Maschine. Dieses Schienenpferd mit der neuen Betriebsnummer 99 291[II] verließ schon 1952 die Walhallabahn wieder, um schließlich auf der Strecke Mosbach (Baden) – Mudau ein letztes Einsatzgebiet zu finden.

Das Ausmusterungsschicksal ereilte beide Lokomotiven, die als augenscheinliches Merkmal breite Räumschilder aufwiesen, im selben Jahr, nämlich 1955. Der Zusatz „II" zu den Betriebsnummern, der allerdings nur in den statistischen Unterlagen erschien, war notwendig geworden, da die Stammnummern 99 281 und 99 291 bereits durch andere Lokomotiven besetzt waren.

Strukturwandel im Zugförderungsdienst

Das Ende der Dampfzeit begann auf der Walhallabahn im Frühjahr 1956 durch den Einsatz der von den Bahnbetriebswerken Neustadt bzw. Ludwigshafen übernommenen Diesellokomotiven V29 951 und V29 953. Es handelte sich hierbei um vierachsige dieselhydraulische Maschinen, die 1952 Arnold Jung in Jungenthal gebaut hatte. Diese drängten den Dampfbetrieb immer mehr zurück, bis das Bähnchen im Juli 1960 endgültig dampffrei war. Aber auch die Tage dieser letzten Walhallabahn-Rösser waren gezählt, denn mit der Streckenstillegung Ende 1968 mußten auch sie den Weg zum Lokfriedhof antreten. Noch nicht einmal zwanzig Jahre alt wurden sie 1969 in Feldkirchen bei München zerlegt.

Bremsausrüstung, Bremsbedienung und technische Besonderheiten

Auf der Walhallabahn kam als Bremssystem die Luftsaugbremse der Bauart Körting zur Anwendung. Die Loks 61, 62 und 67 hatten nur die Einrichtung für die Betätigung der durchgehenden Luftsaugbremse im Wagenzug mit Luftsauginjektor, Saugluftleitung und Lufteinlaßklappe. Die Loks selbst konnten nur mit einer Wurfhebelhandbremse gebremst werden.

Die Lok 64 besaß neben der Betätigungseinrichtung für die Luftsaugbremse auch eine Luftabbremsung auf die eigenen Räder. Die beiden Dieselloks waren mit einer Knorr-Druckluftbremse, kombiniert mit einer Vakuumbremse von Körting, ausgestattet. Bei den Loks 1, 2, 13, 14 und 39 kann davon ausgegangen werden, daß sie die gleiche Bremsausrüstung wie die 61, 62 und 67 besaßen. Auch die 63 hatte Körting-Bremse, ob komplett oder nur mit Betätigungseinrichtung ist ungewiß. Nur eine Handbremse hatten dagegen die Loks 99 281 und 99 291.

Bauart und Wirkungsweise der Saugluftbremse waren denkbar einfach, dafür war die Bremsbedienung um so schwieriger. Ein mit Dampf betriebener Luftsauginjektor auf dem Führerstand saugte ständig aus der durchgehenden Luftleitung, den Bremszylindern und nachgeschalteten Luftbehältern Luft ab, so daß ein Unterdruck entstand. Über eine Lufteinlaßklappe steuerte der Lokführer die Bremsen im Zug. Beim Öffnen der Klappe strömte atmosphärische Luft in die durchgehende Bremsleitung und in die Bremszylinder und erzeugte dort gegen den Unterdruck auf der anderen Seite der Bremskolben die Bremskraft. Die Bremswirkung hing ganz davon ab, wieviel Luft der Lokführer ein-

strömen ließ, und darin lag auch die Problematik der ganzen Bremse. Die Bremsbedienung erforderte viel Fingerspitzengefühl. Bei aller Routine kam es bei Zielbremsungen häufig vor, daß der Zug schon weit vor der Haltestelle plötzlich ruckartig zum Stehen kam. In Unkenntnis der technischen Zusammenhänge rief solches Bremsverhalten bei den Fahrgästen mitunter Unmutsäußerungen, wie „was hat den der davorn wieder für eine Bremserei beianand", hervor. Aber das gehörte halt auch zu den kleinen Schwächen des Bockerls.

Eine wichtige Sonderarbeit wurde 1907 an allen Fahrzeugen durchgeführt. Die leichte Zug- und Stoßeinrichtung aus der Anfangszeit hatte sich bei den höheren Beanspruchungen des schwereren Zugbetriebes als kritische Schwachstelle erwiesen. Die Verstärkung dieser Einrichtung wirkte sich auch auf die Laufsicherheit beim Rangieren positiv aus. Vorher waren beim Schieben infolge der Bauart der Zug- und Stoßeinrichtung durch Seitendrücke häufig Rangierentgleisungen passiert. Die ursprüngliche Spurkranzhöhe der Lokomotivräder von nur 15 mm bildete ebenfalls ein Manko für die Laufsicherheit, weshalb man dazu überging, dieses Betriebsgrenzmaß durch Abdrehen der Radbandagen auf 18 mm zu erhöhen. Bei der Einhaltung der vorgeschriebenen Fahrgeschwindigkeit mußten sich die Lokführer ganz auf ihr Fahrgefühl verlassen, denn Geschwindigkeitsmesser gab es auf den Dampflokomotiven nicht. Größere Reparaturen und bahnamtliche Untersuchungen an den Fahrzeugen oblagen während der LAG-Zeit ursprünglich der gesellschaftseigenen Hauptwerkstätte in Thalkirchen, später der Bahnwerkstätte in Donaustauf. Nach der Verstaatlichung wurden die Dampflokomotiven im Bundesbahn-Ausbesserungswerk Weiden (OPf.) revisioniert.

Lokomotiven der Walhallabahn

LAG-Nr.	Reichs- bzw. Bundesbahn-Nr.	Baujahr	Fabrik-Nr.	Bauart	Zul. Höchstgeschwindigkeit (km/h)	Achszahl	Dampfzylinderdurchmesser (mm)	Kolbenhub (mm)	Größter zul. Dampfdruck (kg/cm²)	Rostfläche (m²)	Verdampfungsheizfläche (m²)	Dienstgewicht (t)	Wasservorrat (m³)	Kohlen- bzw. Kraftstoffvorrat (t bzw. l)	Leistung (PS)	Bemerkungen
13	—	1889	2104	B n2	25	2	225	300	15	0,35	17,05	11,54	1,1	0,6	50	Tramwaybauart; 1911 ausgemustert
14	—	1889	2105	B n2	25	2	225	300	15	0,35	17,05	11,54	1,1	0,6	50	Tramwaybauart; 1911 ausgemustert
39	—	1895	3146	B n2	25	2	225	300	15	0,35	17,05	11,54	1,1	0,6	50	Tramwaybauart; 1918 verkauft
61	99 251	1902	4823	C1'n2	25 später 35	4	290	280	12	0,56	31,21	17,40	2,3	0,8	100	1956 ausgemustert
67	99 252	1904	5173	C1'n2	25 später 35	4	290	280	12	0,56	31,21	17,40	2,3	1,047	100	1959 ausgemustert
62	99 253	1908	5929	C1'n2	25 später 35	4	290	280	12	0,56	31,21	17,40	2,3	1,047	100	1960 ausgemustert; Denkmalslokomotive
1	—	1888	1814	B n2	25	2	225	350	14	0,43	21,50	13,30	1,1	0,6	60	Tramwaybauart; 1910 von der Lokalbahn Ravensburg – Weingarten übernommen; 1928 ausgemustert
2	—	1888	1817	B n2	25	2	225	350	14	0,43	21,50	13,30	1,1	0,6	60	Tramwaybauart; 1910 von der Lokalbahn Ravensburg – Weingarten übernommen; 1927 verkauft
63	—	1889	2019	C n2	25	3	280	500	12	0,82	46,78	21,50	3,0	1,0	1)	1921 von der Steinkohlengrube Myslowitz übernommen; 1928 verkauft
64	—	1926	4200	D h2	25 später 30	4	380	400	13	1,01	50,10 + 29,00 Überhitzheizfl.	29,00	3,5	1,2	280	1961 ausgemustert
—	99 281 II	1910	165	C n2	25	3	1)	1)	1)	1)	1)	11,8	1)	1)	1)	ab 1949 bei der Walhallabahn; Lok stammte aus Wehrmachtsbeständen; 1955 ausgemustert
—	99 291 II	1911	4801	C n2	40	3	310	400	12	0,70	42,30	19,50	1,9	1,0	1)	ab 1949 bei der Walhallabahn; Lok stammte aus Beständen der Organisation Todt; 1952 an ED Stuttgart abgegeben; 1955 ausgemustert
—	V29 951 später 299 951-4	1952	11 463	B + B (hydraulisch)	35	4	—	—	—	—	—	29,2	—	600	290	1956 von der Bundesbahndirektion Mainz (Bahnbetriebswerk Neustadt) übernommen; 1969 ausgemustert
—	V29 953 später 299 953-0	1952	11 465	B + B (hydraulisch)	35	4	—	—	—	—	—	29,2	—	600	290	1956 von der Bundesbahndirektion Mainz (Bahnbetriebswerk Ludwigshafen) übern.; 1969 ausgemustert

1) nicht mehr feststellbar.
Hersteller der Lok: Krauß & Co. AG, München & Linz a. D. (1, 2, 13, 14, 39, 61, 62, 63, 67); I. A. Maffei, München (64); Weidknecht, Paris (99 281 II); Orenstein & Koppel, Drewitz b. Potsdam (99 291 II); Arnold Jung, Jungenthal (V 29 951, V 29 953). Steuerung: Stephenson außen (1, 2, 13, 14, 39), Heusinger außen (61, 62, 63, 64, 67, 99 291 II), Allan außen (99 281 II).
Hauptabmessungen der Lokomotiven siehe Skizzen der Lokomotiven.

Lokomotive 2

Lokomotive 63

Lokomotive 64

Lokomotive 99 281^{II}

Lokomotive 99 291^{II}

Lokomotive V29 951

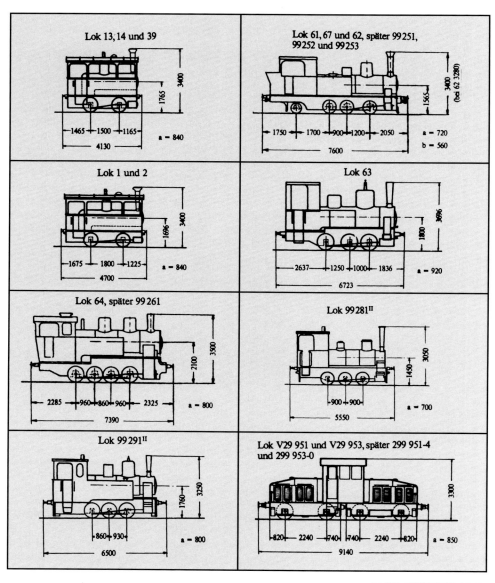

Skizzen der Lokomotiven

a – Treib- und Kuppelraddurchmesser
b – Laufraddurchmesser

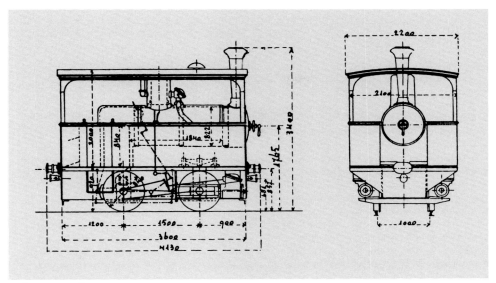

Lok 13, 14 und 39

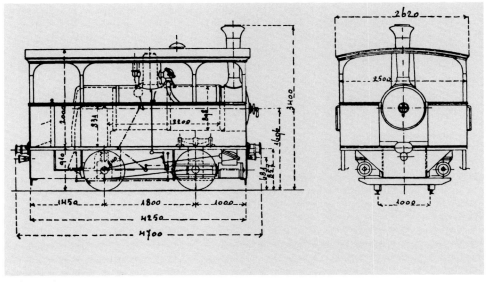

Lok 1 und 2

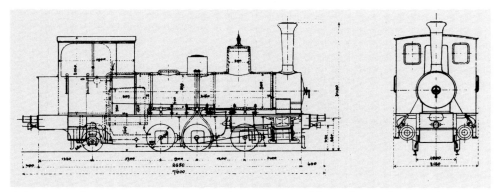

Lok 61, 67 und 62, später 99 251, 99 252 und 99 253. Der Kohlentender wurde später durch einen schrägen Ansatz vergrößert

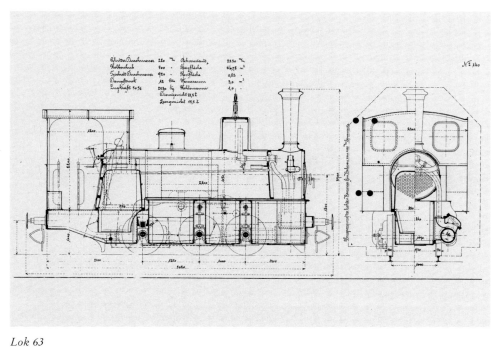

Lok 63

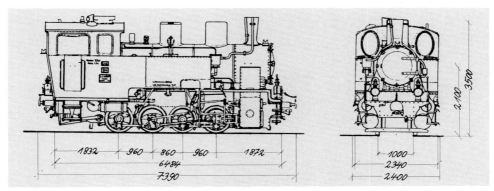

Lok 64, später 99 261, Bauzustand ca. 1936, gezeichnet von Axel Schild

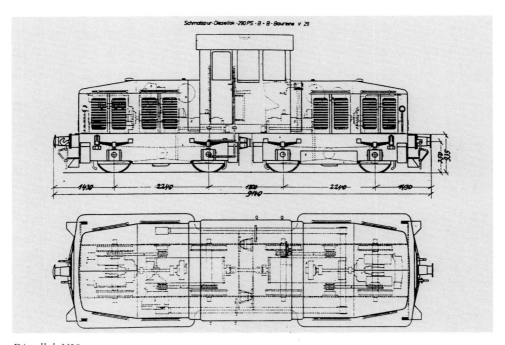

Diesellok V29

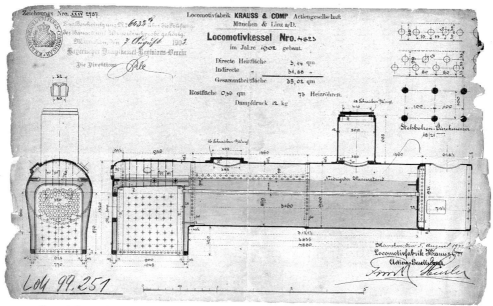

Dampfkessel der Lok 61, später 99 251. In der rechten Ansicht links die Feuerbüchse, in der Mitte der Langkessel mit dem Dampfdom und rechts die Rauchkammer

Das waren die Männer – hier in der Bahnwerkstätte Donaustauf –, die das rollende Material der Walhallabahn in Schuß hielten

*Entwicklung des Personenwagenparks
in der LAG-Zeit*

Je eine Garnitur für Fahrplan- bzw. Sonderzüge mit zusammen 9 Personenwagen,
einem Personenwagen mit Packraum und
einem Packwagen mit Postraum standen
um 1900 für den Trambahnbetrieb zur
Walhalla bereit.
Mit der Inbetriebnahme nach Wörth a. D.
wurden 8 weitere Wagen eingestellt. Bis zum
I. Weltkrieg mußte noch zweimal (1909
und 1912) der Personenwagenpark ergänzt
werden, der sich dann aus einem II.-Klasse-,
zwei II./III.-Klasse- und 19 III.-Klasse-Wa-
gen sowie einem II.-Klasse-Wagen mit Packraum, einem Packwagen und drei Packwagen mit Postraum zusammensetzte. Weitere Reisezugwagen kamen während der
Privatbahnzeit nicht mehr hinzu. Die
Waggons stammten von der Maschinenfabrik Augsburg-Nürnberg.

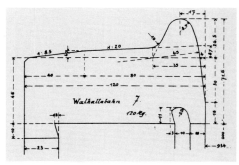

*Radreifenprofil von Wagenrädern. Radreifen
werden warm auf die Radkörper aufgezogen
und im Schrumpfsitz zusätzlich durch einen
Sprengring gesichert*

*Wagenübernahme aus dem
Reichsbahnbezirk Mainz*

Gleich nach der Verstaatlichung wurden
aus dem Bezirk der Reichsbahndirektion
Mainz 10 Personenwagen sowie ein kom-
binierter Post- und Gepäckwagen bayeri-
scher Bauart übernommen, die durch Einführung des Kraftwagenverkehrs auf der
Lokalbahn Frankenthal – Gr.-Karlsbach
frei wurden. Die Wagen befanden sich in
einem sehr schlechten Zustand und blieben zunächst in Donaustauf hinterstellt.
Als der Personenverkehr 1943 Verstär-
kungswagen benötigte, wurde zunächst ein
Wagen als Prototyp umgebaut. Diese Lenk-
achswagen hatten nur 2,7 m Achsstand, was
zu unerträglichen Schlinger- und Schaukel-
bewegungen führte. Beim Umbau wurde
deshalb der Achsstand auf ca. 4 m vergrößert. Die 24-V-Beleuchtung mußte auf
durchgehende Turbozugbeleuchtung mit
110 V abgeändert werden. Gleichzeitig waren die Zug- und Stoßeinrichtung und das
Bremsgestänge anzupassen sowie der Wa-
genaufbau und die Fahrgasträume zu sanie-
ren. Nach positivem Verlauf einer Probefahrt am 11. Juni 1943 wurden in den Jahren 1943 und 1944 weitere 6 „Mainzer Wagen" betriebsfähig hergerichtet. Die übrigen
Wagen wurden ausgemustert und dienten als
Ersatzteilspender. Die Wagenkästen fanden
für dienstliche Zwecke Verwendung.
Zwei der „Mainzer Wagen" kehrten 1952
wieder in ihren Heimatbezirk zurück. Im
gleichen Jahr gab die Walhallabahn einen
früheren LAG-Wagen an die Lokalbahn
Mosbach (Baden) – Mudau ab. Das große

Ausmustern begann 1956. Es verblieben nur die beiden einzigen Vierachser als Bremswagen für den Rollbockbetrieb.

Aus dem Wagenbetrieb

Gefährlich lebten die Schaffner, denn sie mußten wegen fehlender Übergänge bei fahrendem Zug außen über die Trittbretter steigen. Aborte fehlten in den Wagen überhaupt. Bis zum Einbau des elektrischen Lichts 1929 hatten die Fahrgäste mit dem spärlichen Lichtschein der Petroleumfun-

seln vorliebzunehmen. War das Licht wegen verrußter Lampenzylinder mal getrübt, oder saßen die Leute gar im Dunkeln, so ergossen sich allerhand mißmutige Worte über das Zugpersonal. Sehr sorgfältig mußten deshalb die Stationsdiener täglich die Glaszylinder putzen und Petroleum nachfüllen.

Die meisten Personenwagen waren mit der selbsttätigen Körting-Saugluftbremse ausgestattet. Einzelne Wagen hatten nur eine durchgehende Luftleitung für die Bremse. Alle Wagen besaßen Hochdruckdampfheizung.

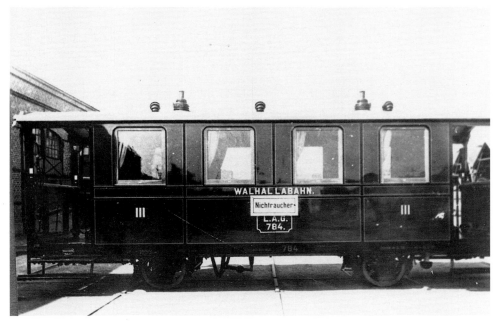

Der Personenwagen III. Klasse, LAG-Nr. 784, offensichtlich fabrikneu auf dem Werksgelände der Herstellerfirma

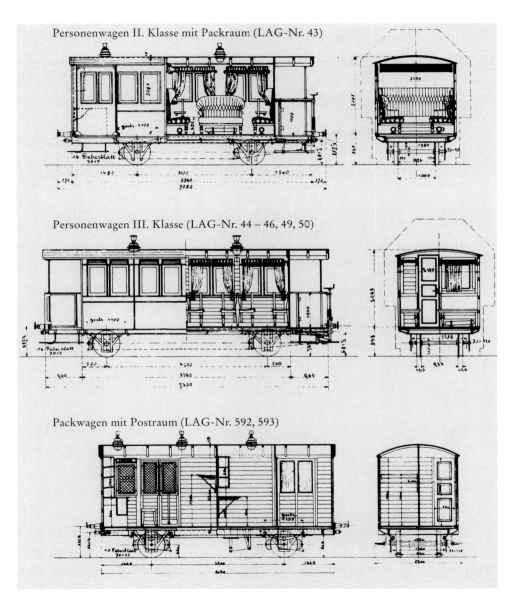

Personenwagen II. Klasse mit Packraum (LAG-Nr. 43)

Personenwagen III. Klasse (LAG-Nr. 44 – 46, 49, 50)

Packwagen mit Postraum (LAG-Nr. 592, 593)

Skizzen von Personenwagen

Personen- und Packwagen der Walhallabahn
a) Personenwagen aus der LAG-Zeit:

Ursprüngliche Gattung	LAG-Nr.	Beschaffungsjahr	Achsstand (m)	Länge zwischen den Puffern (m)	Eigengewicht (t)	Umzeichnung durch die Reichsbahn 1939 Gattungszeichen	Nr.	Spätestens ab 1950 vorhandene Nr.	Änderung der Gattungszeichen 1950	1953	Bemerkungen
II. Klasse	41	1889	4,2	7,3	4,9	BL	1	028	Gsm	KC	1957 ausgemustert
II. Klasse mit Packraum	42	1889	3,3	6,34	4,5	—	—	—	—	—	Ca. 1900 Umbau in Packwagen mit Postraum; 1936 ausgemustert
II. Klasse mit Packraum	43	1889	3,3	6,34	4,8	CPwL	30	042	Pwsm	KPw	Umbau in III. Klasse mit Packraum; Änderung von 30 auf 042 vermutlich 1943; 1956 ausgemustert
III. Klasse	44	1889	4,2	7,3	4,5	CL	10	010	Gsm	KC	1957 ausgemustert
III. Klasse	45, 46	1889	4,2	7,3	4,85	CL	11, 12	011, 012	Gsm	KC	1957 ausgemustert
III. Klasse	49	1889	4,2	7,3	4,9	CL	13	013	Gsm	KC	1960 ausgemustert
III. Klasse	50	1890	4,2	7,3	4,9	CL	14	014	Gsm	KC	1960 ausgemustert
III. Klasse	51	1890	4,2	7,3	5,0	—	—	—	—	—	1937 ausgemustert
II./III. Klasse	554	1900	8,175	10,23	11,2	CPwL	31	051	CPwsm	KCPw4	1928 Umbau in III. Klasse mit Packraum; Änderung von 31 auf 051 1944; ab 1952 Bremswagen; ab 1959 neue Nr. Reg 9900
II./III. Klasse	555	1900	8,175	10,23	11,2	BCL	5	05	BCsm	KBC4	Ab 1955 Bremswagen und umgezeichnet in KPw4 Nr. 052; ab 1959 neue Nr. Reg 9901
III. Klasse	586–588	1902	3,5	7,3	5,6	CL	15–17	015–017	Gsm	KC	1960 ausgemustert
III. Klasse	589	1902	3,5	7,3	5,6	CL	18	018	Gsm	—	1952 an ED Stuttgart für Strecke Mosbach (Baden) – Mudau abgegeben
III. Klasse	590, 591	1902	3,5	7,3	5,0	CL	19, 20	019, 020	Gsm	KC	1960 ausgemustert
Packwagen mit Postraum	592, 593	1902	3,5	6,15	4,55	PwPostL	40, 41	040, 041	PwPostsm	KPwPost	1960 ausgemustert
III. Klasse	782–785	1909	3,5	7,3	6,0	CL	21–24	021–024	Gsm	KC	1960 ausgemustert
Packwagen	786	1909	3,5	7,0	5,4	PwL	50	050	Pwsm	KPw	Ab 1958 Holzwagen für Hilfszug; ab 1959 neue Nr. Reg 5600; 1960 ausgemustert
III. Klasse	842–844	1912	3,5	7,3	6,0	CL	25–27	025–027	Gsm	KC	1960 ausgemustert

Spurweite: 1 m. – Achszahl: 554, 555: 4; übrige Wagen: 2. – Sitzplätze/Stehplätze: 41: 20/12; 43: 11/6; 554, 555: 33/12; III.-Klasse-Wagen: 24/16. – Hersteller der Wagen: MAN, Werk Nürnberg

b) Personenwagen, die 1939 aus dem Bezirk der Reichsbahndirektion Mainz übernommen wurden:

Gattungszeichen bei Übernahme	Nr. bei Übernahme	Hersteller	Beschaffungsjahr	Achsstand (m)	Länge über Puffer (m)	Eigengewicht (t)	Umzeichnung 1943 bzw. 1944		Spätestens ab 1950 vorhandene Nr.	Änderung der Gattungszeichen		Bemerkungen
							Gattungszeichen	Nr.		1950	1953	
Cdl	4281, 4282	Waggonfabrik Rastatt	1903	2,7	8,6	6,3	CL	31, 32	031, 032	Csm	KGi	1956 ausgemustert
Cdl	9298	MAN	1904	2,7	8,6	6,0	CL	29	029	Csm	KGi	1956 ausgemustert
Cdl	9300	"	1904	2,7	8,6	6,3	–	–	–	–	–	1944 ausgemustert
Cdl	9309	Waggonfabrik Rastatt	1900	2,7	8,6	6,3	CL	33	033	Csm	–	1952 an ED Mainz für Strecke Mundenheim – Meckenheim abgegeben
Cdl	9392	"	1904	2,7	8,6	6,3	–	–	–	–	–	1944 ausgemustert
Cdl	9393	"	1904	2,7	8,6	6,3	CL	34	034	Csm	–	1952 an ED Mainz für Strecke Mundenheim – Meckenheim abgegeben
Cdl	9395	"	1904	2,7	8,6	6,3	–	–	–	–	–	1944 ausgemustert
Cdl	9396	"	1904	2,7	8,6	6,3	CL	30	030	Csm	KGi	1956 ausgemustert
PwPostL	9398	MAN	1904	2,7	6,8	4,6	PwPostL	43	043	Pw Postsm	KPw Post	1956 ausgemustert
Cdl	9276	Waggonfabrik Rastatt	1907	2,7	8,6	6,3	–	–	–	–	–	1944 ausgemustert

Spurweite: 1 m. – Achszahl: 2. – Sitzplätze/Stehplätze: 4281, 4282, 9298, 9300: 28/16; übrige Cdl-Wagen: 32/12

Die Güterwagen GGw 61, 66, 67 und 69 unterwegs zur Nordsee nach Wangerooge

Dampfspeicherwagen für die Heizung der Personenzüge nach der Verdieselung der Strecke

Güterwagen

Den unbedeutenden Frachtverkehr der ersten Jahre wickelte die Walhallabahn mit fünf leichten Güterwagen ab. Für die Transporte nach Kareth ergänzte sie den Güterwagenpark um eine ganze Reihe größerer Waggons. Fast jedes Jahr bis 1911 kamen nun weitere Wagen hinzu. 1903 wurden vier offene Wagen von der ältesten LAG-Linie, der Feldabahn in Sachsen-Weimar, für Kiestransporte übernommen. Auch von der Forster Stadteisenbahn hatte die Lokalbahn-Aktiengesellschaft vier zweiachsige Güterwagen für den Zinstag-Verkehr zur Walhallabahn umgesetzt. Wegen der engen Kurven der Forster Stadteisenbahn hatten die Wagen einen Achsstand von nur 1,4 m. Von diesen Wagen mit nur 5 t Tragfähigkeit ging wegen des kurzen Achsstandes eine ständige Entgleisungsgefahr aus. Nach Ersatzbeschaffung sollten diese Wagen an ihre Heimatbahn zurückgegeben werden.

Der Güterwagenpark hatte 1911 seinen Höchststand erreicht und umfaßte damals 19 gedeckte und 27 offene Wagen sowie 14 Langholzwagen, gebaut von der Maschinenfabrik Augsburg-Nürnberg.

Trotzdem bestand auf der Walhallabahn Güterwagenmangel, was mit ein Grund für die Ausdehnung des Rollbockverkehrs auf die Teilstrecke Walhallastraße – Wörth a. D. im Jahr 1912 war.

Der Rollbockverkehr erübrigte viele Materialwagen. Von 1928 bis zur Verstaatlichung der LAG verzeichnete der Güterwagenbestand 32 Abgänge. Davon wurden

die Wagen 52, 323, 324 und 627 – 630 bereits 1928 ausgemustert, während über das Schicksal der übrigen bis zur Auflösung der LAG ausgeschiedenen Güterwagen keine konkreten Angaben gemacht werden können.

Am 31. 7. 1938, also am letzten Tag der LAG, befanden sich noch 11 gedeckte und 8 offene Güterwagen sowie 6 Langholz-, zwei Arbeits- und ein Gerätewagen im Bestand der Walhallabahn, von denen schließlich 10 gedeckte und vier offene Wagen sowie vier Langholzwagen von der Reichsbahn 1939 mit neuen Nummern versehen wurden. Die Umnummerung ging nach folgendem Plan vor sich:

| Gattung GGw | | Gattung OOw | |
alt	neu	alt	neu
595	60	787 (557)	70
632	61	788 (558)	71
633	62	789 (559)	72
634	63	790 (582)	73
643 (536)	64	Gattung H	
650 (594)	65	alt	neu
792	66		
794	67	639 (598)	74
795	68	640 (599)	75
796	69	641 (600)	76
		642 (601)	77

Die Wagen mit den Klammerangaben erhielten um 1937 als neue LAG- Nummern die links angegebenen Nummern, die von Wagen stammten, die in dieser Zeit ausgemustert worden waren. Bei den Wagen 64, 65 und 70 bis 77 handelte es sich also ur-

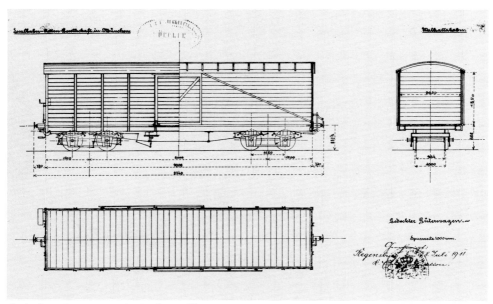

Gedeckter Güterwagen in Drehgestellbauart

sprünglich um die Wagen mit den in Klammern angegebenen Nummern.

In den letzten Kriegsjahren wurde auch das rollende Material für den Güterverkehr knapp. Um 1942 mußten die vier offenen Wagen 70 bis 73 nach dem Osten abgegeben werden. Die H-Wagen standen für den gleichen Zweck auf Abruf bereit, blieben aber verschont. Wegen der angespannten Wagenlage versuchten die zuständigen Bahnstellen noch gegen Ende 1944, dem Bestand neue Wagen zuzuführen.

Im Bahnhof Regensburg-Kalkwerk rosteten seit der Verstaatlichung zwei offene Wagen vor sich hin, und beim Brückenlager Röthenbach (Pegnitz) standen die zwei für den Osten abgegebenen offenen Wagen 70 und 71. Zu einer Wiederinbetriebnahme kam es nicht mehr. Die beiden letztgenann-

ten Wagen lagerten noch 1950 in Röthenbach (Pegnitz) und wurden der Verschrottung zugeführt. Der bei einem Luftangriff am 20. April 1945 schwer beschädigte GGw 60 wurde, da seit der Abgabe der O-Wagen Richtung Osten Wagen dieser Gattung gänzlich fehlten, nach dem Krieg zum O-Wagen umgebaut. Die Wagennummer 60 blieb.

Auch nach dem Krieg bestand die Notwendigkeit, den Güterwagenpark zu ergänzen. In den Raum München hatte es bei Kriegsende ein Sammelsurium von schmalspurigen Güterwagen versprengt. Nach näherer Prüfung schieden jedoch alle Wagen für die Walhallabahn aus.

Eine Aufstockung des Güterwagenbestandes fand nun nicht mehr statt. Im Laufe der Nachkriegsjahre entspannte sich die Wagenlage. Auf 9 gedeckte Wagen, vier Schemelwagen (H) und einen offenen Wagen belief sich 1953 der Wagenbestand, wovon bereits vier GGw überzählig waren. Die Wagen der Gattungen H und O kamen fast nur noch für die Bahnunterhaltung zum Schienen- und Schottertransport zur Verwendung.

Der Wagenbedarf beschränkte sich auf die für den Eil- und Stückgutverkehr benötigten GGw. Die Ausmusterung der Wagen 60, 62, 64, 68, 75 und 76 im Jahre 1956, 63 und 65 1958 sowie 74 und 77 1959 war eine zwangsläufige Folge dieser Entwicklung. Die letzten vier Wagen des öffentlichen Verkehrs (61, 66, 67 und 69) übernahm im Mai 1966 die Inselbahn Wangerooge. Die Mehrzahl der Güterwagen hatte Körting-Saugluftbremse, ein Teil war nur mit Luftleitung ausgerüstet, und einzelne Wagen besaßen überhaupt keine Einrichtung für die Luftbremse.

Bahndienst- und Dienstgüterwagen

Bei der Verstaatlichung am 1. August 1938 gingen an Bahndienstwagen ein Hilfsgerätewagen (793), ein Dienstgüterwagen und zwei Schuttwagen über. In der Zeit nach dem Krieg bis zur Stillegung gab es insgesamt folgende Bahndienst- und Dienstgüterwagen:

2 Hilfsgerätewagen (Reg 5601, Reg 5602)

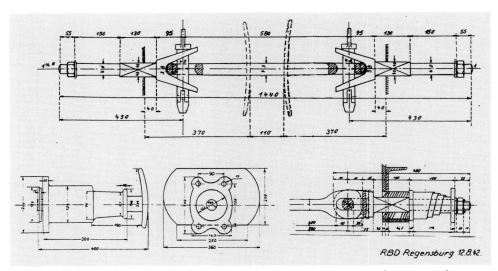

Zug- und Stoßeinrichtung der Walhallabahn-Fahrzeuge, eine von normalspurigen Fahrzeugen abweichende Bauart. Die Fahrzeuge hatten nur Mittelpuffer. Es handelte sich um eine geteilte Zugeinrichtung. Die Zugstange mit dem Gabelkopf an jeder Fahrzeugstirnseite war über einen Federtopf direkt am Kopfstück des Untergestells befestigt. Aus fahrdynamischen und rangiertechnischen Gründen ist eine Abfederung in der Übertragung der Längskräfte im Zug notwendig. Bei den Druckkräften geschieht dies durch die Pufferfedern, bei den Zugkräften durch ein Federelement in der Zugeinrichtung

Mit Volldampf durch die Donauauen (um 1955). Rechts die Burg Wörth

1 Hilfszugmannschaftswagen (Reg 5600)
1 Sprengwagen (Reg 9400)
2 Bremswagen (Reg 9900, Reg 9901)
3 Dampfspeicherwagen (Reg 7030, Reg 7031, Reg 7032)
3 Schuttwagen (Reg 1800, Reg 1801, Reg 1802)

Die Wagen wurden im Laufe der Zeit umgenummert und trugen zuletzt die in Klammern angegebenen Wagennummern. Die Hilfsgerätewagen und der Hilfszugmannschaftswagen dienten der Unfallbeseitigung, vor allem der Einhebung entgleister Fahrzeuge. Der Sprengwagen wurde für die Aufwuchsbekämpfung von Unkraut am Bahngleis benötigt.

Da die Güterzüge fast nur aus Hauptbahnwagen auf Rollböcken bestanden, mußten zur Erreichung der Mindestbremshundertstel am Zugschluß und in der Regel auch hinter der Lok je ein Bremswagen mit Handbremsbedienung eingestellt werden.

Bei der Verdieselung der Strecke 1956 bestand die Notwendigkeit, für die Heizung der Personenzüge zunächst besondere Dampfspeicherwagen in den Personenzügen mitzuführen, da die Dieselloks V29 keine Zugheizeinrichtung besaßen. Hierfür wurden drei Dampfspeicherwagen vom Bahnbetriebswagenwerk Ludwigshafen nach Donaustauf umbeheimatet.

Die Dampfspeicherwagen waren mit Wasser befüllt, das vor der Einstellung in die Personenzüge durch Einspeisen von Dampf aus einer Dampflok stationär aufgeheizt wurde. In den Zügen versorgten dann die Dampfspeicher die Wagenheizeinrichtungen mit Heizdampf. Dieser äußerst unwirtschaftliche Heizbetrieb diente nur als Notlösung, bis die geplante Ausrüstung der Personenwagen mit sogenannten Webasto-Heizgeräten abgeschlossen war. Sodann erfolgte die Ausmusterung der Dampfspeicherwagen 1959.

Nach Übernahme der vier gedeckten Wagen durch die Inselbahn Wangerooge interessierte sich die zuständige Bundesbahndirektion Münster auch für die vierachsigen Bahndienst- und Dienstgüterwagen, die zu Kesselwagen für Wangerooge umgebaut werden sollten.

Rollböcke

Im ersten Jahr des Rollbockverkehrs, 1911, standen nur 14 Rollböcke zur Verfügung. Trotz der aufwendigen Umspurung brachte dieses Transportsystem für den Übergangsverkehr große Erleichterungen. Der Rollbockbestand mußte mehrfach erhöht werden, um der zunehmenden Abwicklung des Wagenladungsverkehrs im direkten Wagenlauf entsprechen zu können. Mit 64 Rollböcken erreichte der Bestand 1928 ein vorläufiges Maximum. Hierunter befanden sich auch 8 Rollböcke von der Forster Stadteisenbahn.

Bei den gestiegenen Transportanforderungen während des letzten Krieges reichten die 64 Rollböcke nicht mehr aus. Die Probleme in der Verkehrsabwicklung wurden so gravierend, daß sogar das Reichsverkehrsministerium eingeschaltet wurde, das eine Zuteilung von 20 Rollböcken aus dem Bezirk Dresden verfügte. Auf diese Rollböcke wartete die Walhallabahn vergeblich.

Der akute Mangel an diesem Transportmittel verschärfte sich in den Nachkriegsjahren noch weiter. Erst mit der Beschaffung von 10 neuen Rollböcken mit 18 t Tragfähigkeit herrschten wieder ausgeglichene Verhältnisse. Erwähnenswert ist noch die Umnummerung der Rollböcke 1959, wobei die alten LAG-Nummern entfielen und fortlaufend von 1 bis 74 genummert wurde.

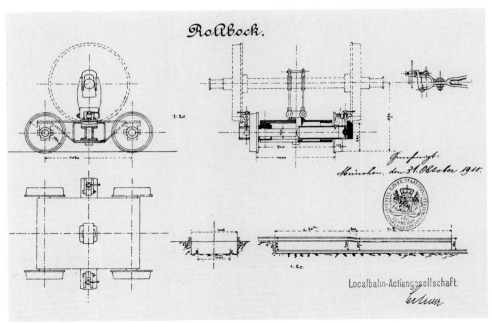

Systemzeichnung für Rollbock und Rollbockgrube

Güterwagen der Walhallabahn (Stand 1911)

Gattung	LAG-Nr.	Beschaf-fungs-jahr	Lade-fläche (m²)	Lade-raum (m³)	Lade-gewicht (t)	Achs-zahl	Achs-stand (m)	Eigen-gewicht (t)
Offen	52	1892	9.5	6.0	5.0	2	2.3	2.3
Gedeckt	54, 239	1892	9,5	19,0	5,0	2	2,3	3,4
Gedeckt	323,324	1893	10,0	20,0	5,0	2	2,3	3,5
Gedeckt	536	1900	18,0	36,0	15,0	4	7,15	7,8
Offen	537–539	1900	18,0	13,0	15,0	4	7,15	6,9
Offen	540–542	1900	18,0	13,0	15,0	4	7,15	6,75
Offen	556, 557	1900	18,0	15,5	15,0	4	7,15	7,0
Offen	558, 559	1900	18,0	15,5	15,0	4	7,15	6,9
Offen	582–585	1901	18,0	15,5	15,0	4	7,15	7,0
Gedeckt	594, 595	1903	18,0	36,0	15,0	4	8,175	7,8
Offen; für Langholz	596–601	1903	10,0	—	15,0	3	3,5	4,3
Offen	627–630	[1]	9,5	6,0	5,0	2	2,3	2,25
Gedeckt	632–634	1904	18,0	36,0	15,0	4	8,175	7,8
Offen; für Langholz	635–638	1904	10,0	—	15,0	3	3,5	4,3
Offen; für Langholz	639, 640	1906	10,0	—	15,0	3	3,5	4,3
Offen; für Langholz	641, 642	1906	10,0	—	15,0	3	3,5	4,95
Gedeckt	643, 644	1906	18,0	36,0	15,0	4	8,175	7,8
Gedeckt	650	1906	18,0	36,0	15,0	4	8,175	7,37
Offen	651	1906	20,0	17,0	15,0	4	7,65	7,8
Offen	759	1906	18,0	15,5	15,0	4	7,15	7,1
Offen	760	1906	18,0	15,5	15,0	4	7,15	6,7
Offen	790, 791	1907	18,0	15,5	15,0	4	7,15	7,0
Gedeckt	792–794	1908	18,0	36,0	15,0	4	8,175	7,95
Offen	787–789	1909	18,0	15,5	15,0	4	7,15	7,1
Gedeckt	795, 796	1911	18,0	36,0	15,0	4	7,15	8,1
Gedeckt	845	1911	18,0	36,0	15,0	4	7,15	8,1

1) nicht bekannt.
Spurweite: 1 m. 627–630 1903 von der Feldabahn übernommen. Hersteller der Wagen: MAN, Werk Nürnberg, bei 627–630 wahrscheinlich Krauß & Co., München.

Rollböcke der Walhallabahn

LAG-Nr.	Hersteller	Beschaf-fungsjahr	Trag-fähigkeit (t)	Achs-zahl	Achs-stand (m)	Eigen-gewicht (t)
71, 72	Wumag, Görlitz	1902	13,5	2	1,1	1,3
73–78	"	1904	10,0	2	1,1	1,15
99–112	Krauß & Co., München	1911	15,0	2	1,1	1,28
113–122	"	1912	15,0	2	1,1	1,28
123, 124	"	1913	15,0	2	1,1	1,28
129–134	Wumag, Görlitz	1919	15,0	2	1,1	1,36
125–128	"	1924	15,0	2	1,1	1,46
135–138	"	1924	15,0	2	1,1	1,42
139–142	"	1925	15,0	2	1,1	1,42
143–148	Maschinenfabrik Deutschland, Dortmund	1927	15,0	2	1,1	1,36
149–154	"	1928	15,0	2	1,1	1,36
10 Stück	Orenstein & Koppel AG, Dortmund	1950	18,0	2	[1]	1,6

[1] nicht bekannt.
Spurweite: 1 m. 71–78 von der Forster Stadteisenbahn übernommen.

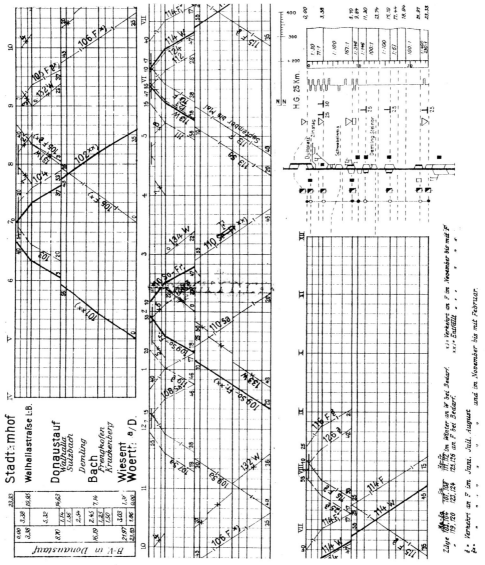

Graphischer Fahrplan der Walhallabahn. Jahresfahrplan ab 1. Oktober 1923. Aus Platzgründen hier dreigeteilt dargestellt.

Bildquellen

Beck Maria, Regensburg: Seite 40 u, 54 o, 82 o

Herr Ballmann, Donaustauf: Seite 104 u

Bellmer Michael, Donaustauf: Seite 126

Brandl Ludwig, Regensburg: Seite 74 o u. u

Dollhofer Josef sen., Regensburg: Seite 20 o, 70 o, 104 o, 144 o

Sammlung Dollhofer Josef, Sinzing: Seite 16 u, 30, 35 o, 44, 48, 53 u, 59 o, 66, 92 o, 95 r, 102, 118 u, 120 o u. u, 130, 137 (Aufnahme Brey), 140 o u. u, 141, 142 u, 144 u, 146, 155 u, 156, 159 u, 160 o u. u, 161, 163 o, M u. u, 169, 171, Faltplan

Eierkaufer Ernst, Landshut: Seite 36 u

ERLUS Baustoffwerke AG, Neufahrn/Ndb.: Seite 22 u

Gomeier Josef, Tegernheim: Seite 32, 49, 63, 98, 124 o u. u

Sammlung Griebl Helmut, Gerasdorf/Österreich (Nachlaß Tauber): Seite 42 u, 50 u, 90 o u. u, 154 o (Aufnahme Preuß)

Gruber, Regensburg: Seite 76, 113 o, 115

Heimatverein Stadtamhof: Seite 35 u, 36 o, 60 u, 72 o u. u, 92 u, 162

Sammlung Kronawitter J. B., München: Seite 17 o, 154 u, 157 o u. u

Museum der Stadt Regensburg: Seite 8, 16 o, 19, 20 u, 22 o, 82 u, 132

Orenstein & Koppel: Seite 155 M

Pangerl Anna, Regensburg: Seite 88

Pöllinger Anton, Regensburg: Seite 15 u, 29 o, 40 o

Schild Axel, Regensburg: Seite 159 o

Sammlung Prof. Schörner E., Ottobrunn: Seite 38 o (aus Nachlaß Schüssler), 42 o, 154 M (aus Nachlaß Tauber)

Frau Schunda, Regensburg: Seite 59 u

Schweiger Fanny, Regensburg: Seite 53 o, 86, 107 (Aufnahme Heider), 111 (Aufnahme Heider)

Söltner Fritz, Nürnberg: Seite 155 o

Turnwald Gottfried, Markt Schwaben: Seite 45, 54 u, 56, 68, 123, 128, 134 o, 136 o, 170

Verkehrsarchiv beim Verkehrsmuseum Nürnberg: Seite 10, 12, 15 o, 25, 29 u, 34, 38 u, 46 o u. u, 50 o, 52, 58, 60 o, 62 u, 64, 70 u, 84, 94, 95 l, 100, 108, 113 u, 131, 142 o, 158 o u. u, 168, 174

Wallner Robert, Regensburg: Seite 17 u

Weigl Maria, Regensburg: Seite 118 o, 121

Wolff Gerd, Mainz: Seite 136 u, 138 o u. u, 166 o u. u

Zeitler Walther, Regensburg: Seite 134 u

Abkürzungen: o = oben, u = unten, l = links, r = rechts, M = Mitte

„Aus der Entwicklung der Lokalbahnen in Bayern" von Fritz Lohmann

„Dampflokomotiven Zahnrad / Lokalbahn / Schmalspur" von Klaus-Detlev Holzborn und Klaus Kieper

„Die Privateisenbahnen in Bayern" von Theodor Lechner

„Die Regensburger Straßenbahn" von Walther Zeitler

„Donaustauf" herausgegeben vom Markt Donaustauf

„Eisenbahnen im Bayerischen Wald" von Walther Zeitler

Geschäftsberichte der Lokalbahn-Aktiengesellschaft in München für die Jahre 1889 bis 1938

Jubiläumsschrift „Lokalbahn-Aktiengesellschaft in München, 25 Jahre 1887 – 1912"

Jubiläumsschrift „40 Jahre Lokalbahn-Aktiengesellschaft in München"

„Localbahn A.-G. München" von Dr. Hermann Bürnheim

Nachtrag 1 (Lokomotiven der Lokalbahn AG München) zum Merkbuch für die Fahrzeuge der Reichsbahn

„Schmalspur in Baden-Württemberg" von Kurt Seidel

Statistik der im Betrieb befindlichen Eisenbahnen Deutschlands, Jahrgänge 1900 bis 1929

Statistik der dem allgemeinen Verkehr dienenden Eisenbahnen im Deutschen Reich, Jahrgänge 1930 bis 1932

Statistik der Eisenbahnen im Deutschen Reich, Jahrgänge 1933 bis 1938

„Statt am Hoff" herausgegeben vom Heimatverein Stadtamhof

„Taschenbuch Deutsche Schmalspur-Dampflokomotiven" von Horst J. Obermayer

Verkehrsstatistiken der Reichs- bzw. Bundesbahndirektion Regensburg, Jahrgänge 1939 bis 1968

„Verzeichnis der deutschen Lokomotiven 1923 – 1965" von Griebl-Schadow

„Wörth, Stadt zwischen Strom und Berg" herausgegeben von der Stadt Wörth a. d. Donau

Zeitung des Vereins Mitteleuropäischer Eisenbahnverwaltungen, Jahrgang 1933

Zeitschrift für Kleinbahnen, Jahrgänge 1893 bis 1915

Zeitung des Vereins Deutscher Eisenbahnverwaltungen, Heft 19 von 1889

Außerdem hat der Verfasser folgendes Material durchgearbeitet:

Akten

des Archivs der Stadt Regensburg
des Bahnbetriebswerkes Regensburg
des Bayerischen Staatsarchivs Amberg
der Bundesbahndirektion Regensburg
des Landratsamtes Regensburg
der Regierung der Oberpfalz
der Registratur der Stadt Regensburg
der Stadt Wörth a. D.
des Verkehrsarchivs beim Verkehrsmuseum Nürnberg

Tageszeitungen

Donaupost, Jahrgänge 1902, 1903

Regensburger Anzeiger, Jahrgänge 1897, 1898, 1901, 1903, 1909 bis 1924, 1933

Regensburger Morgenblatt, Jahrgang 1902

Regensburger Tagblatt, Jahrgänge 1887 bis 1908